SYD KRAT

Et sted på Amager Fælled

Juni 2021

Forlag: BoD – Books on Demand, Hellerup, Danmark
Tryk: BoD – Books on Demand, Norderstedt, Tyskland
ISBN: 978-87-4304-493-2

Slå det skarpe øje fra.
Slå det indre øje til.
Vær og lad billedet være nær.
Sans. Oplev.
Glimt af en fantastisk verden.

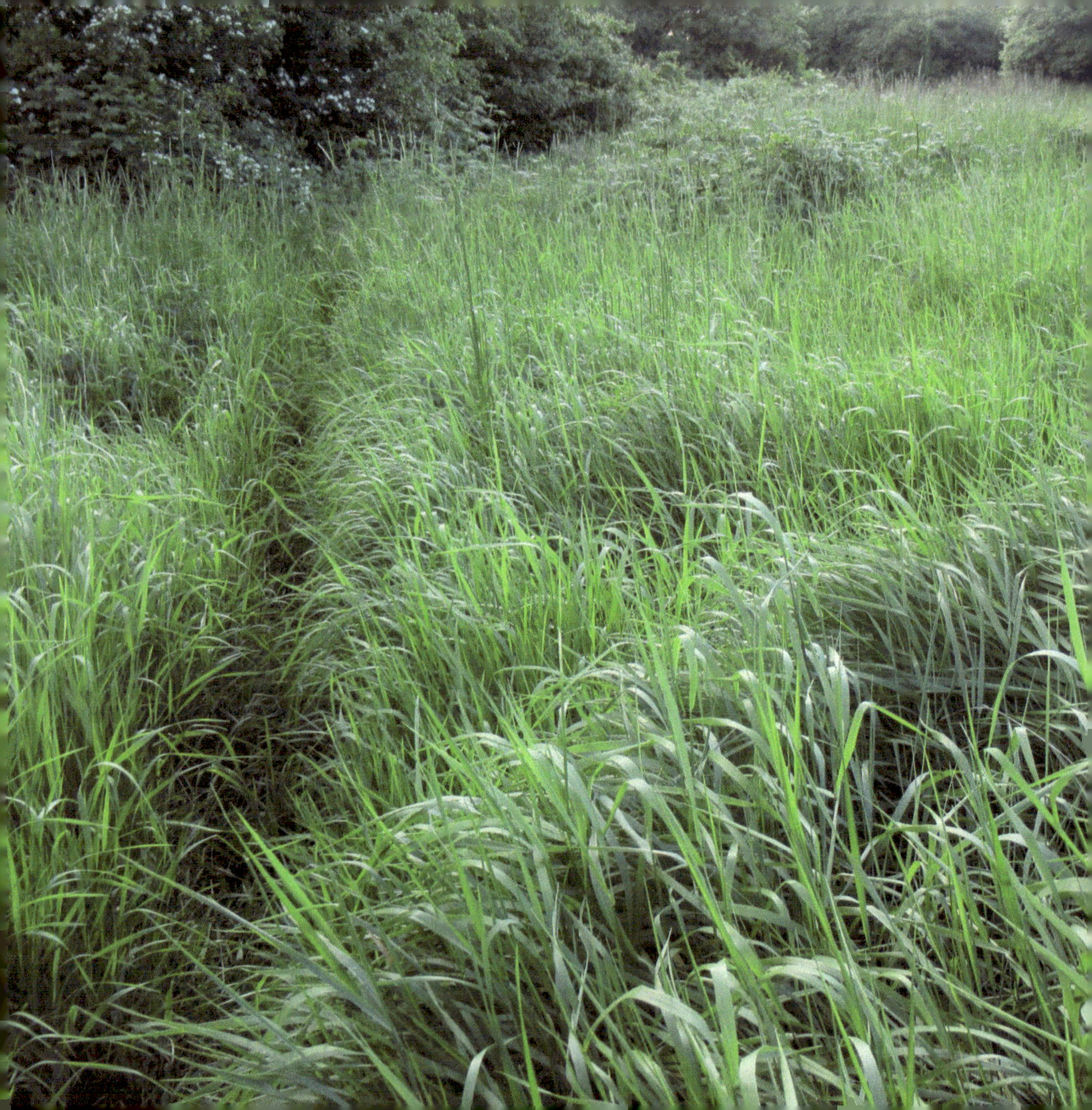

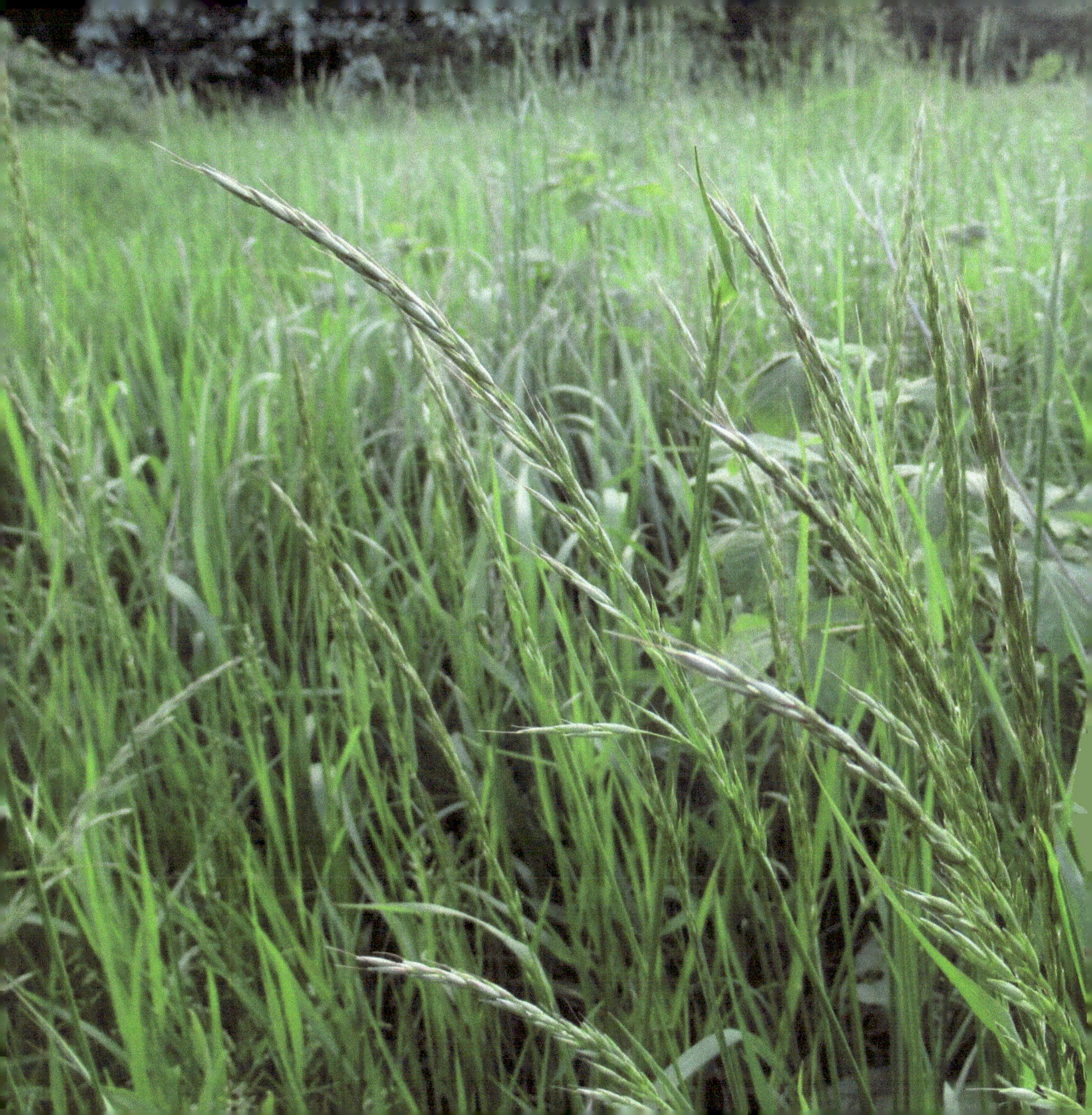

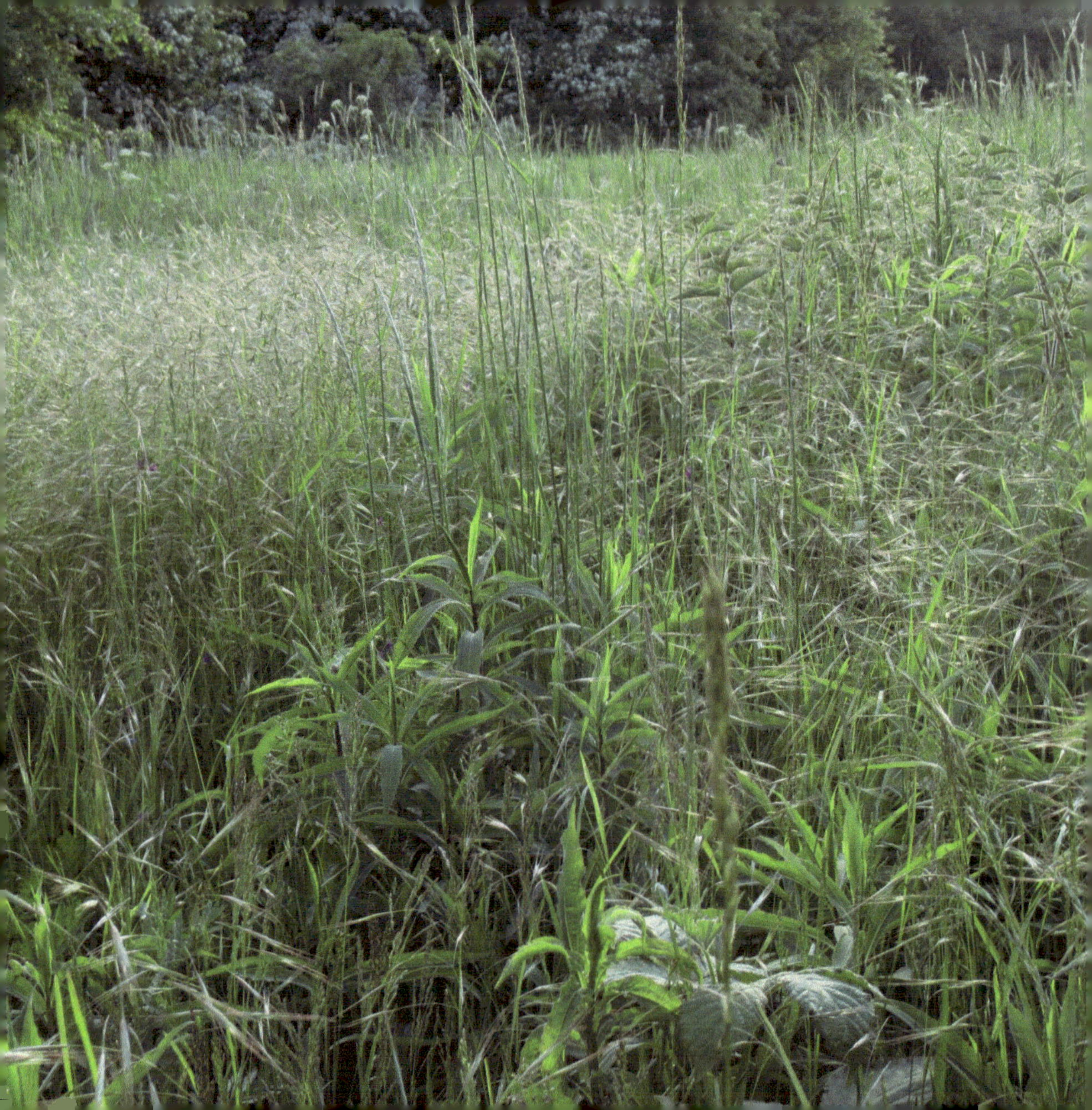

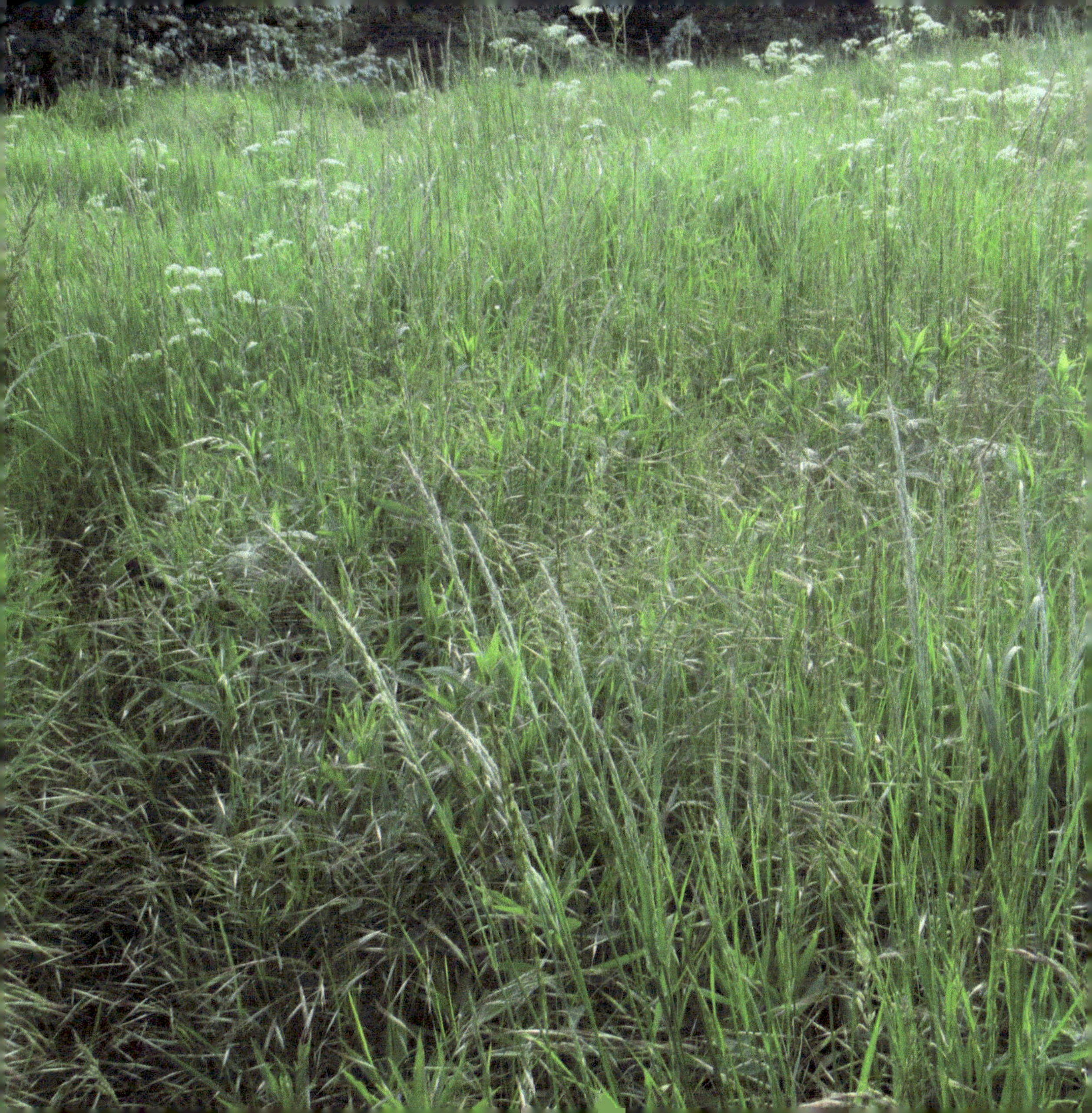

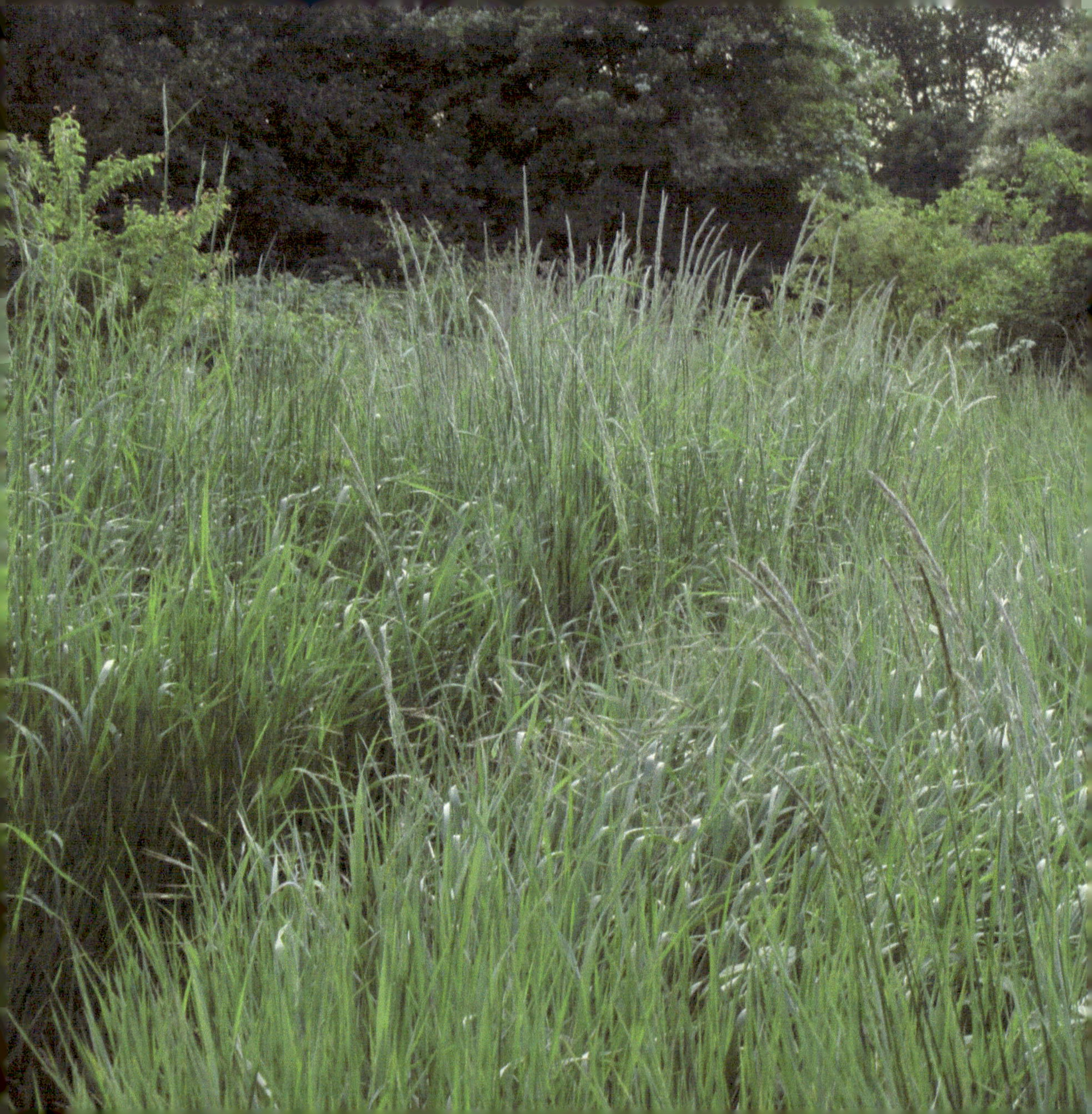

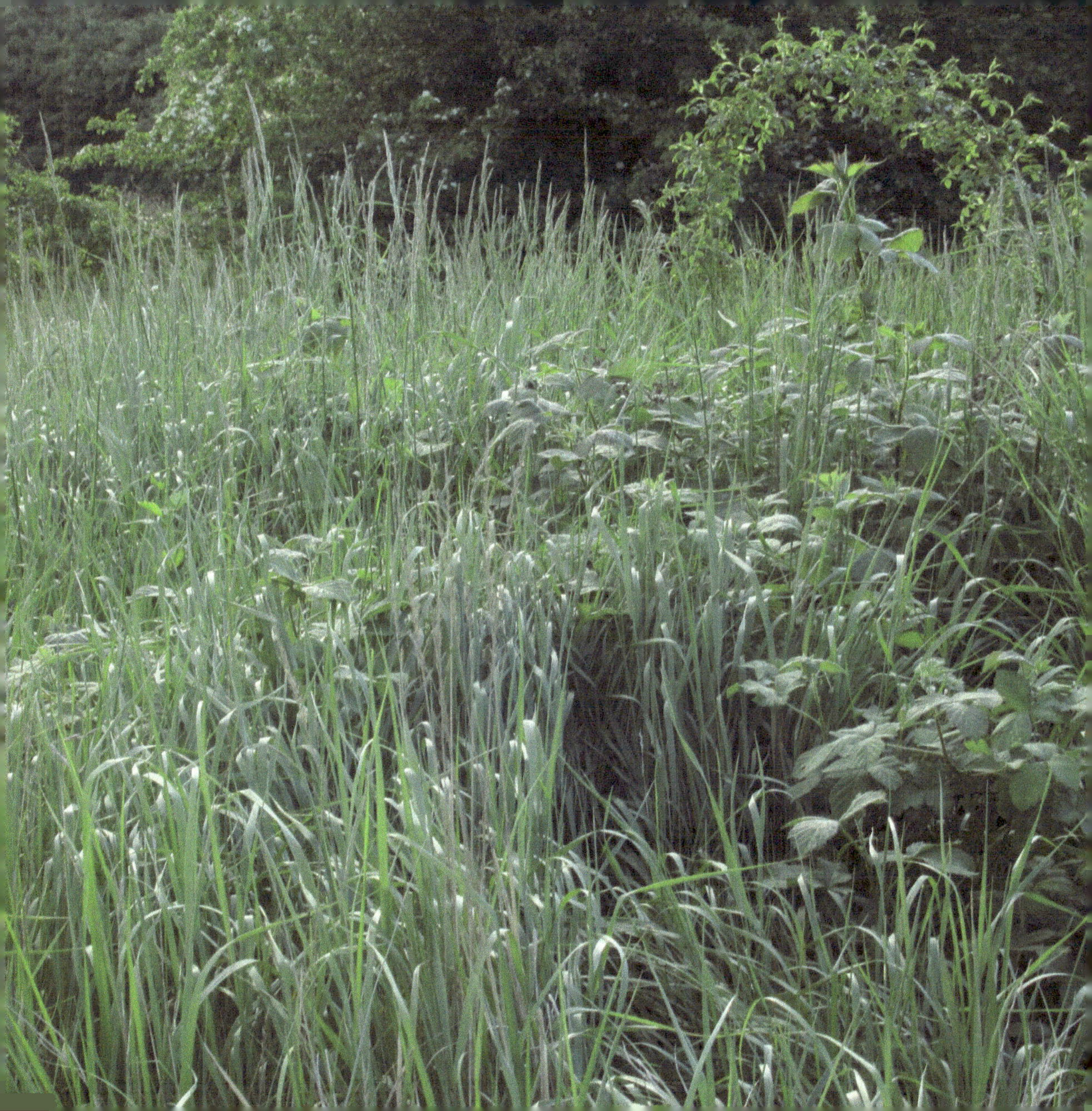

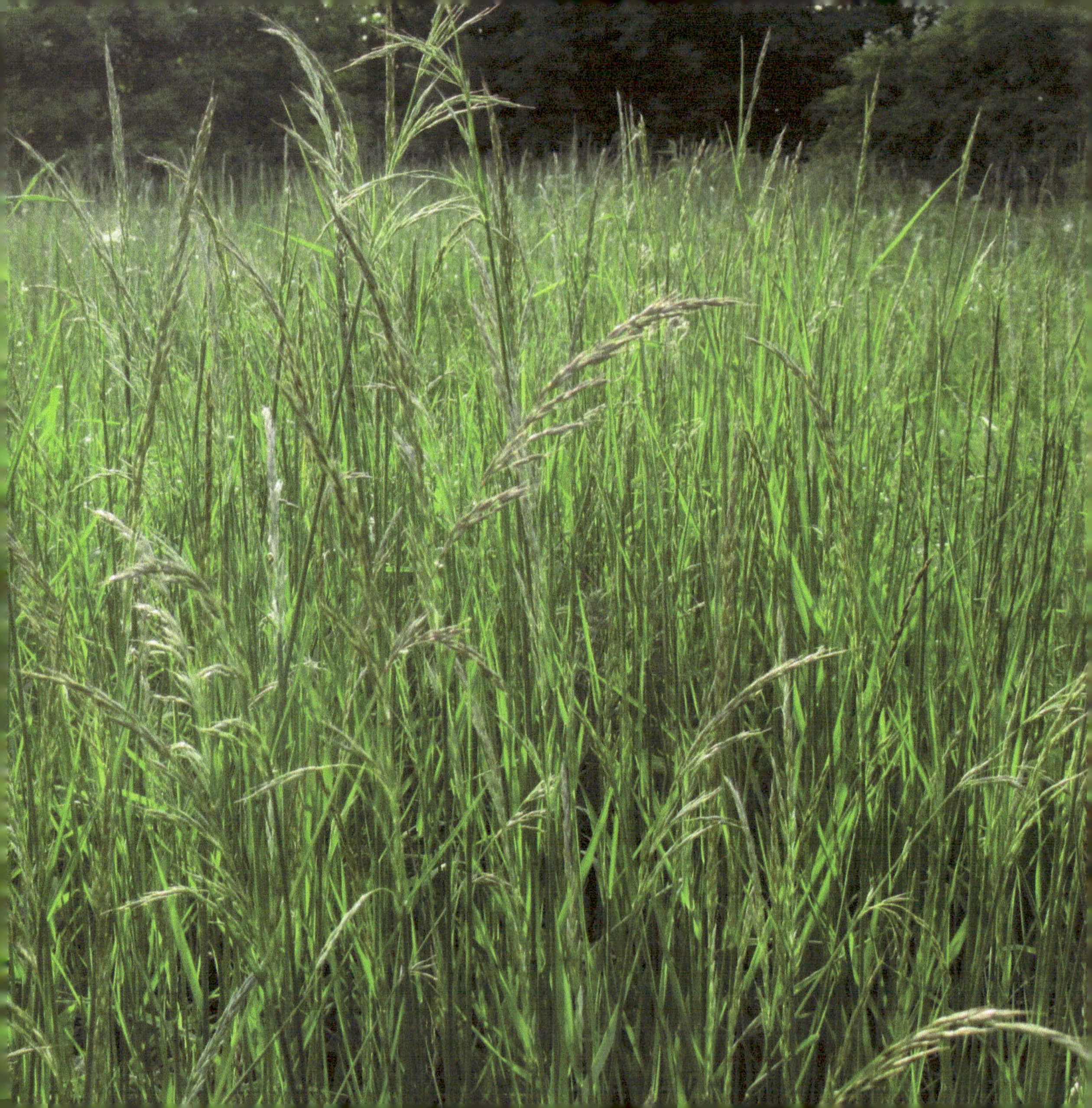

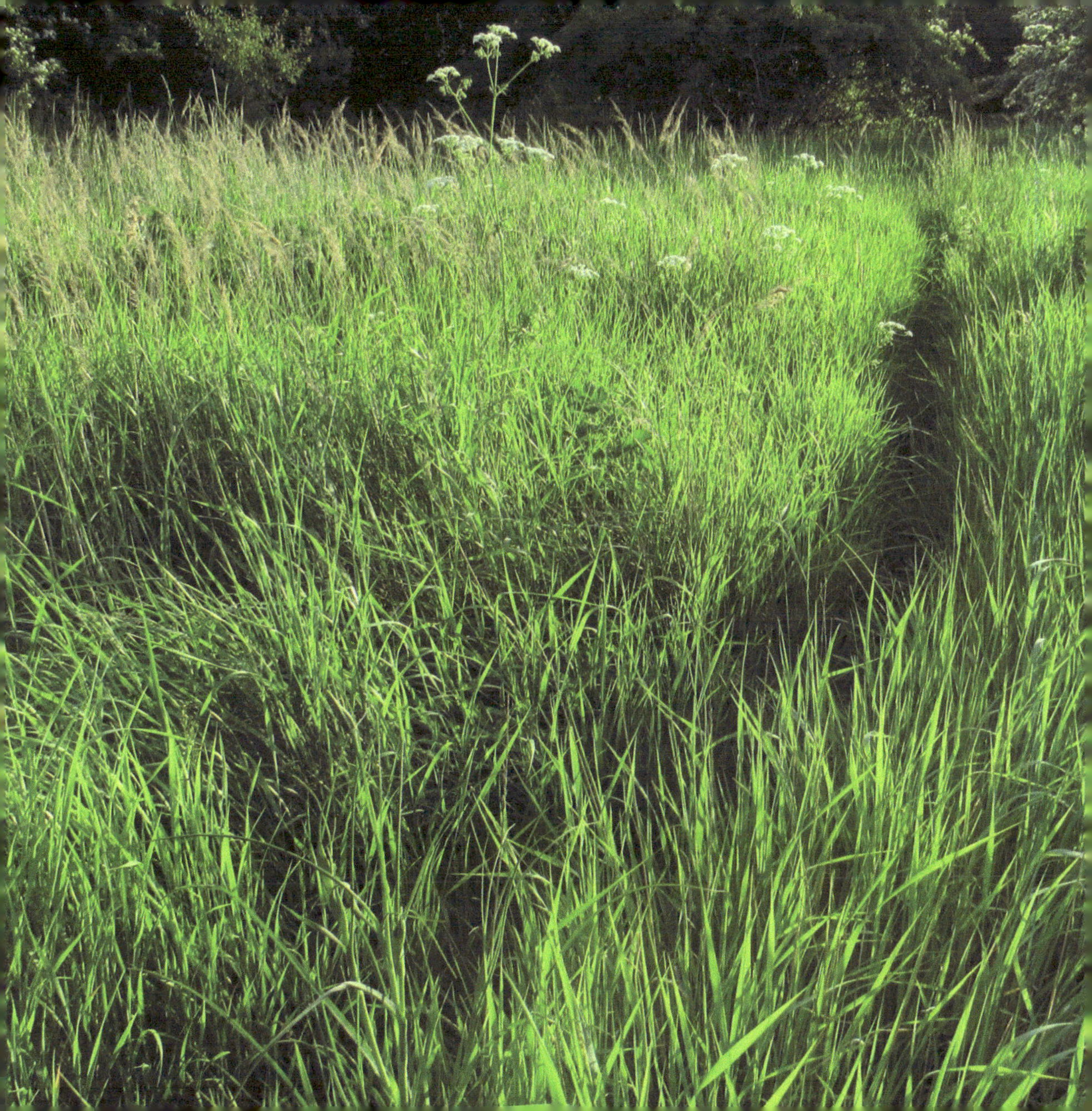

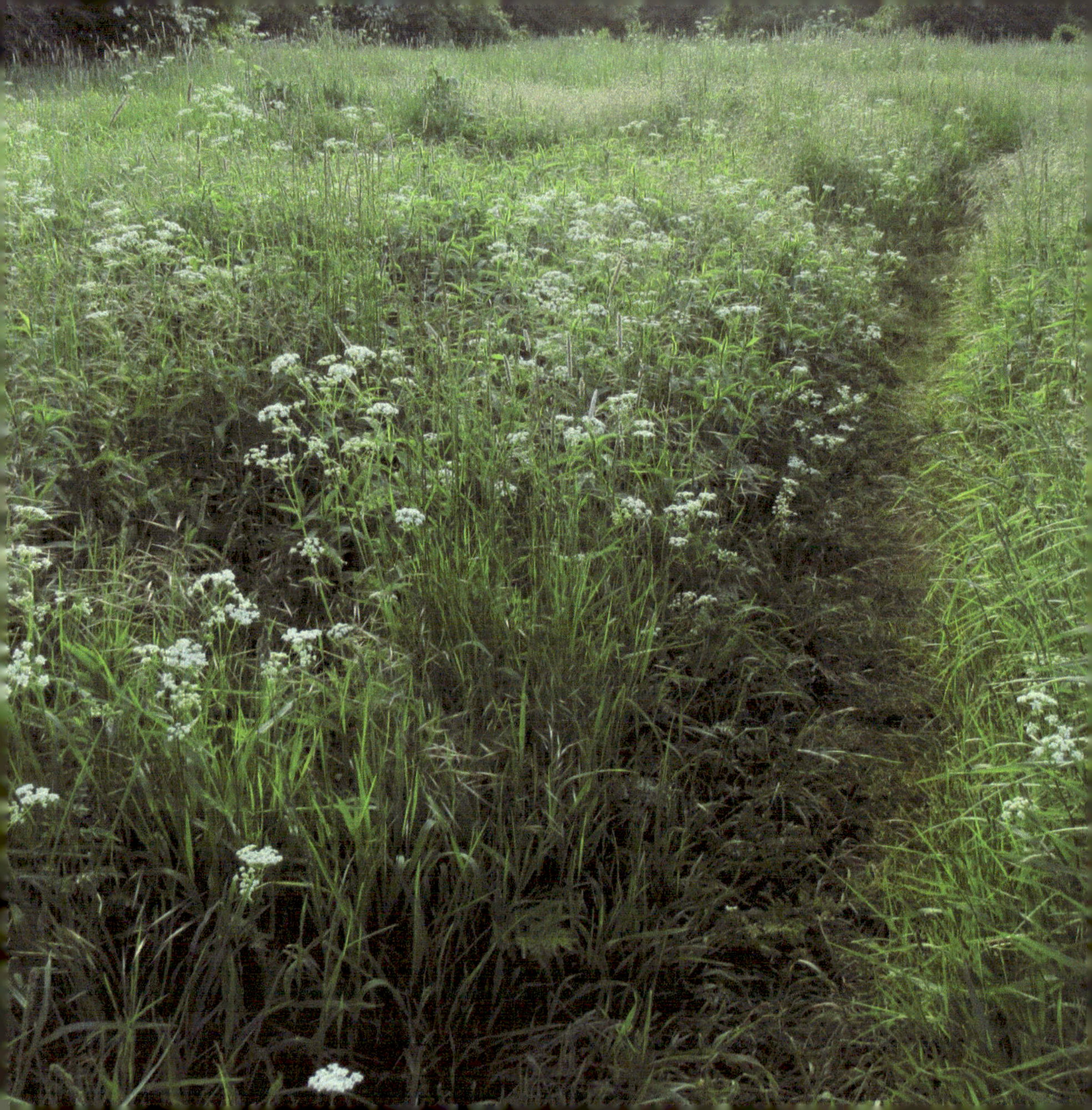

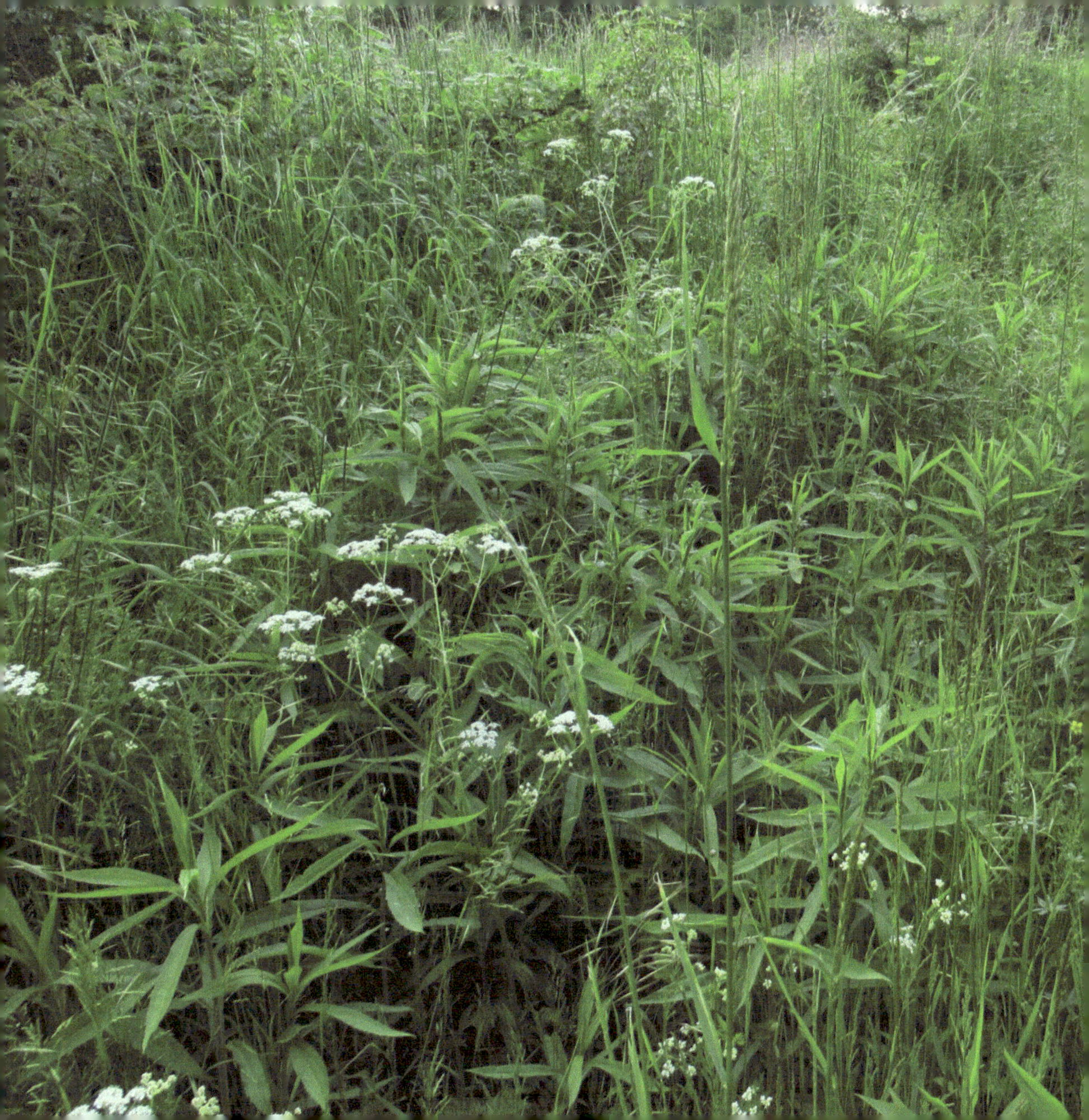

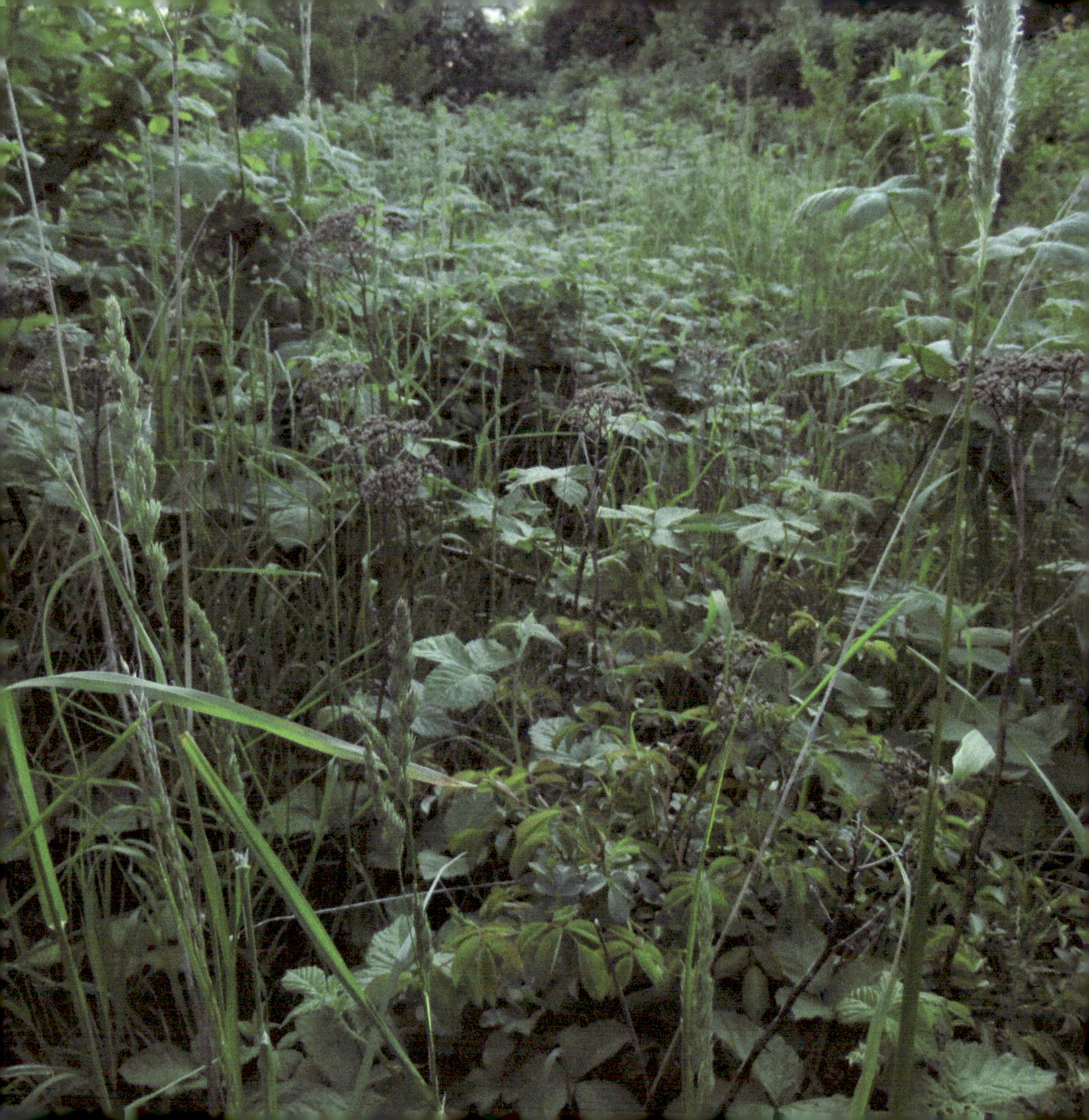

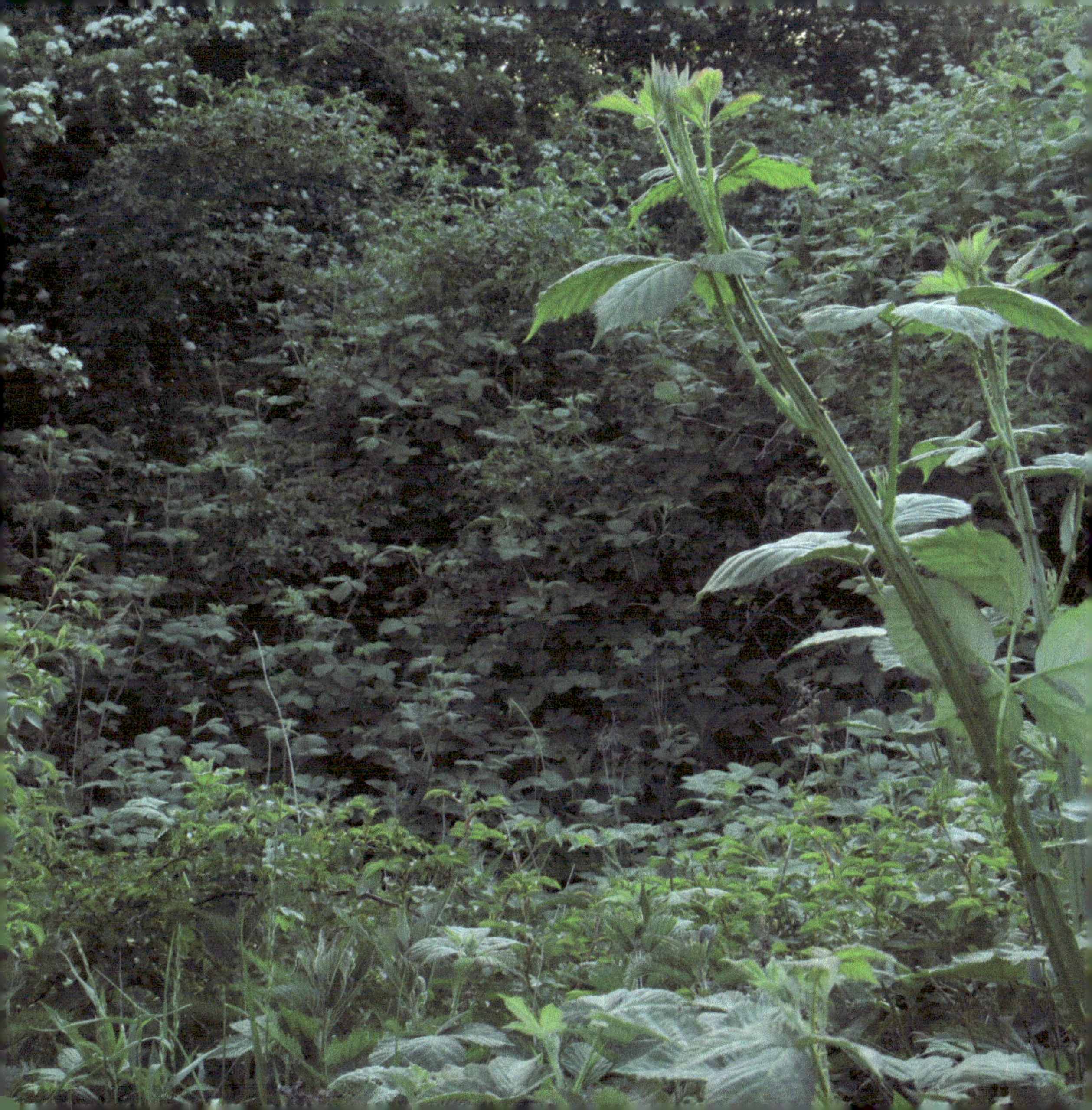

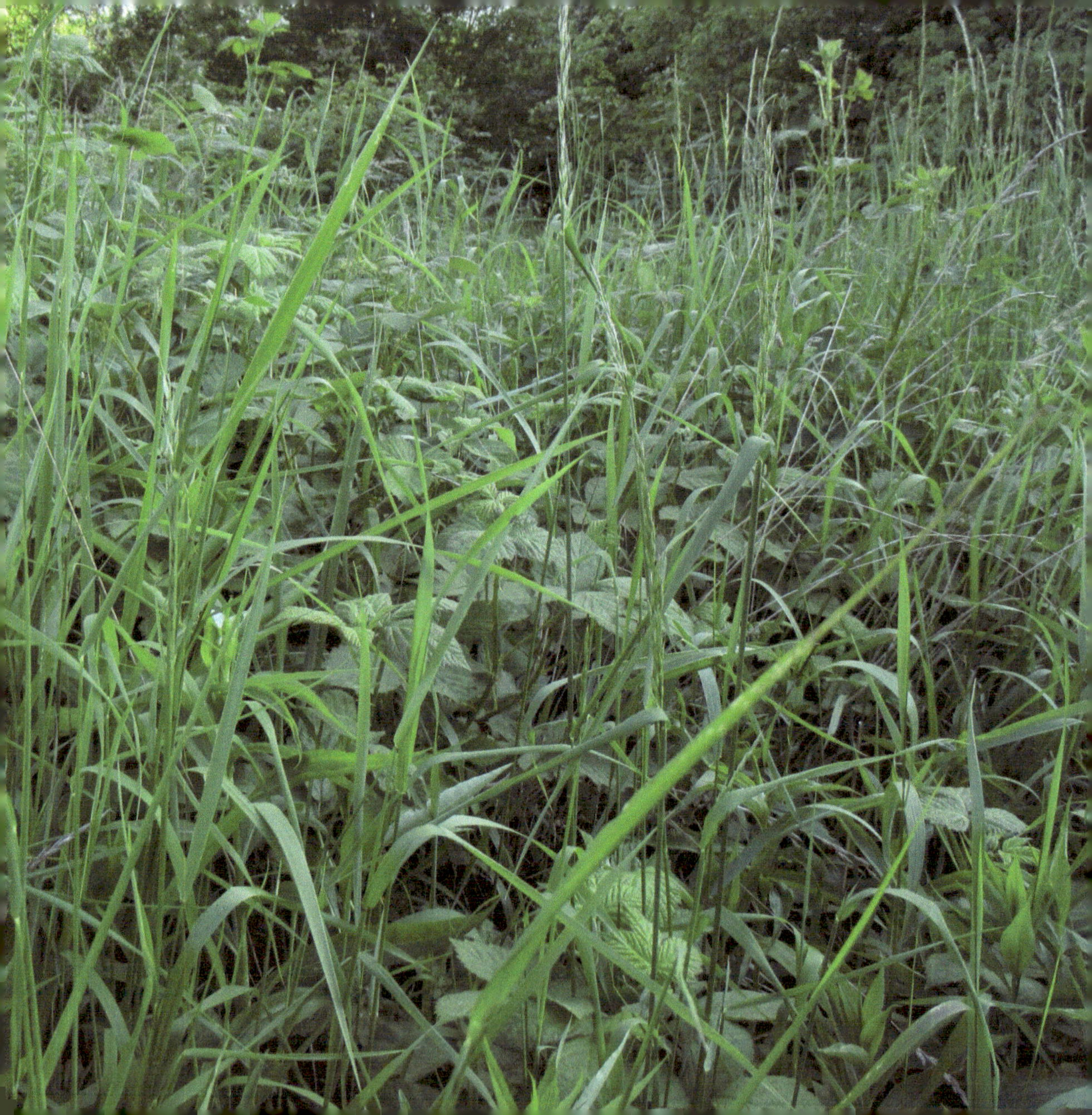

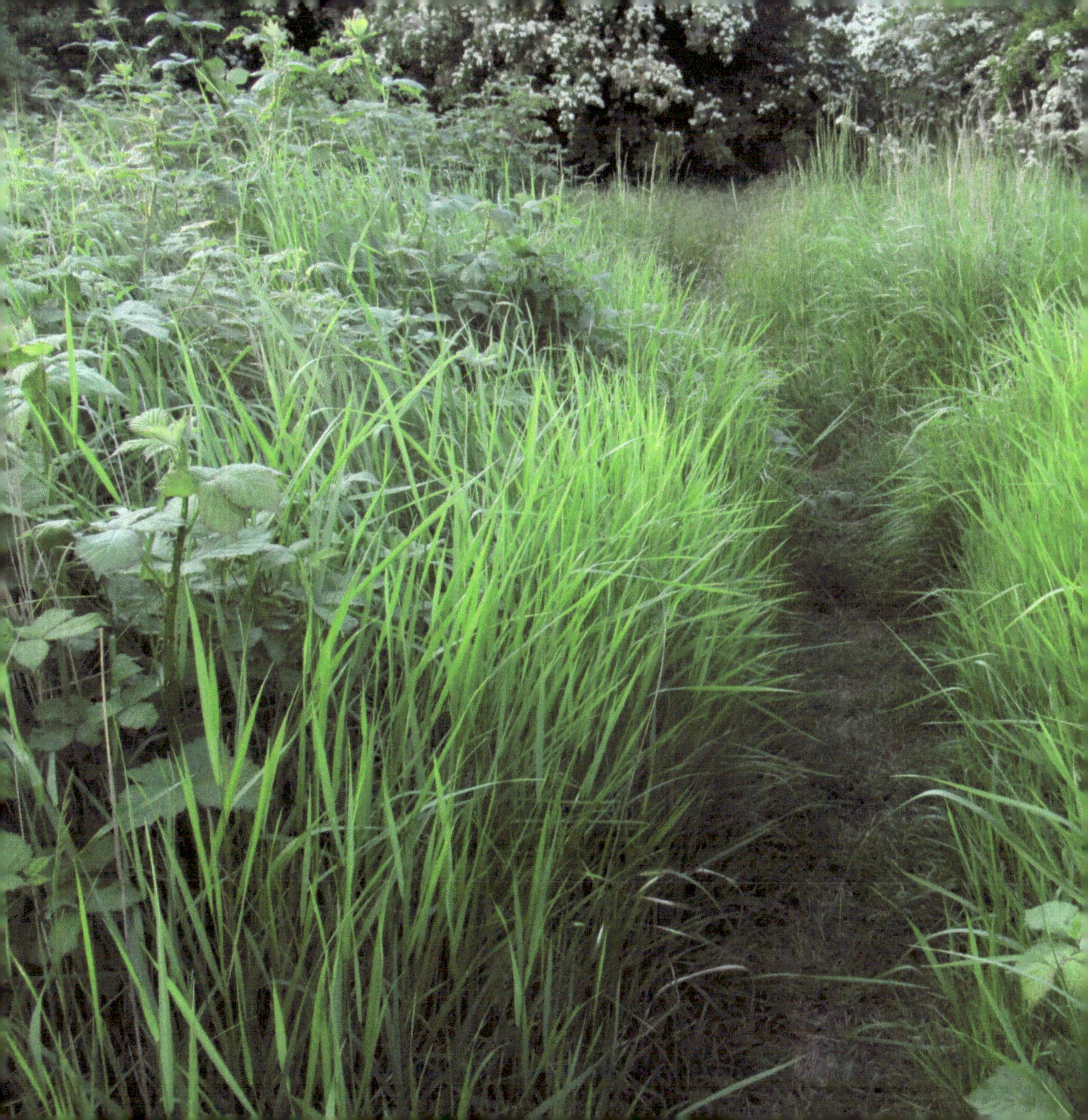

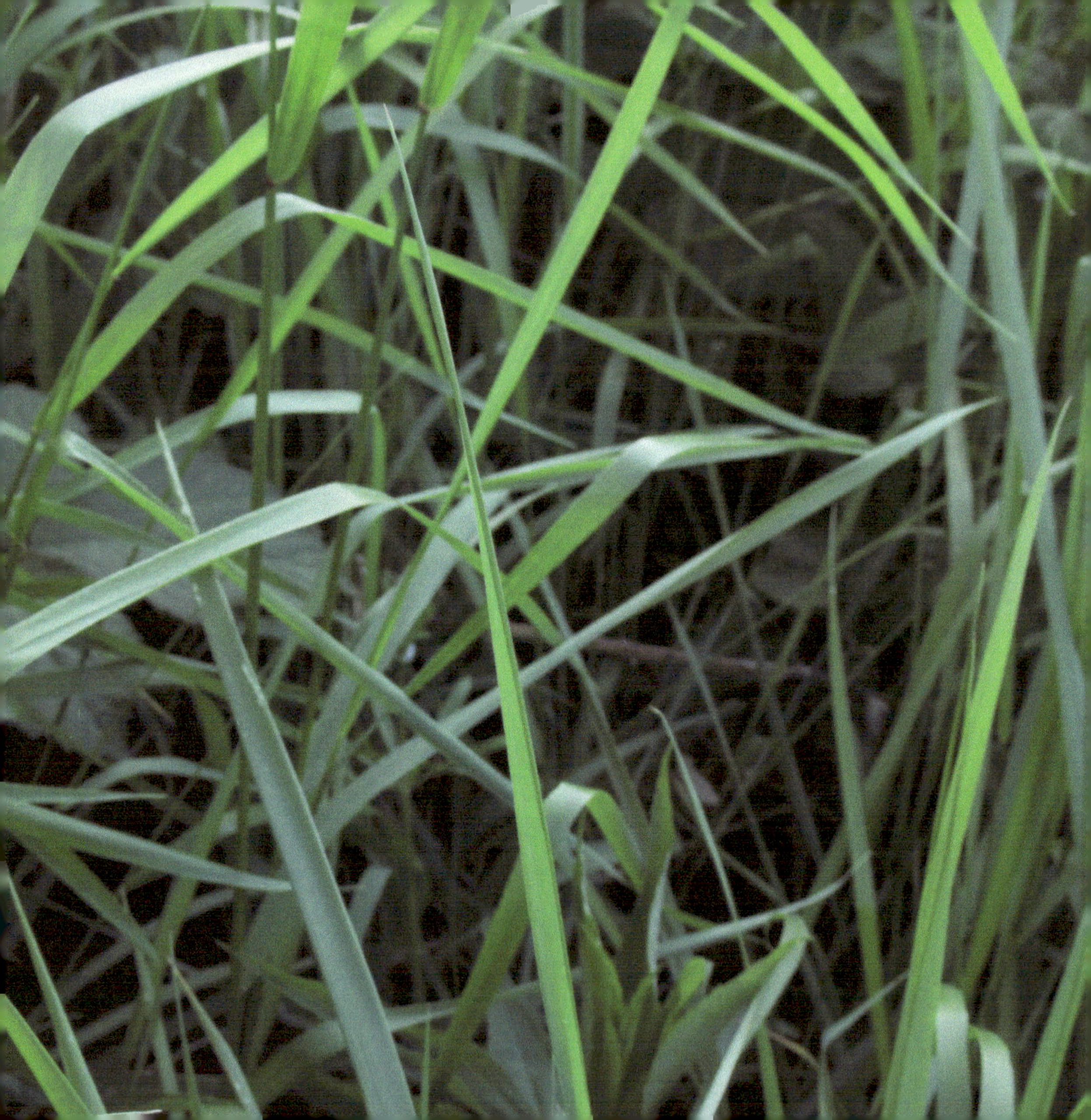

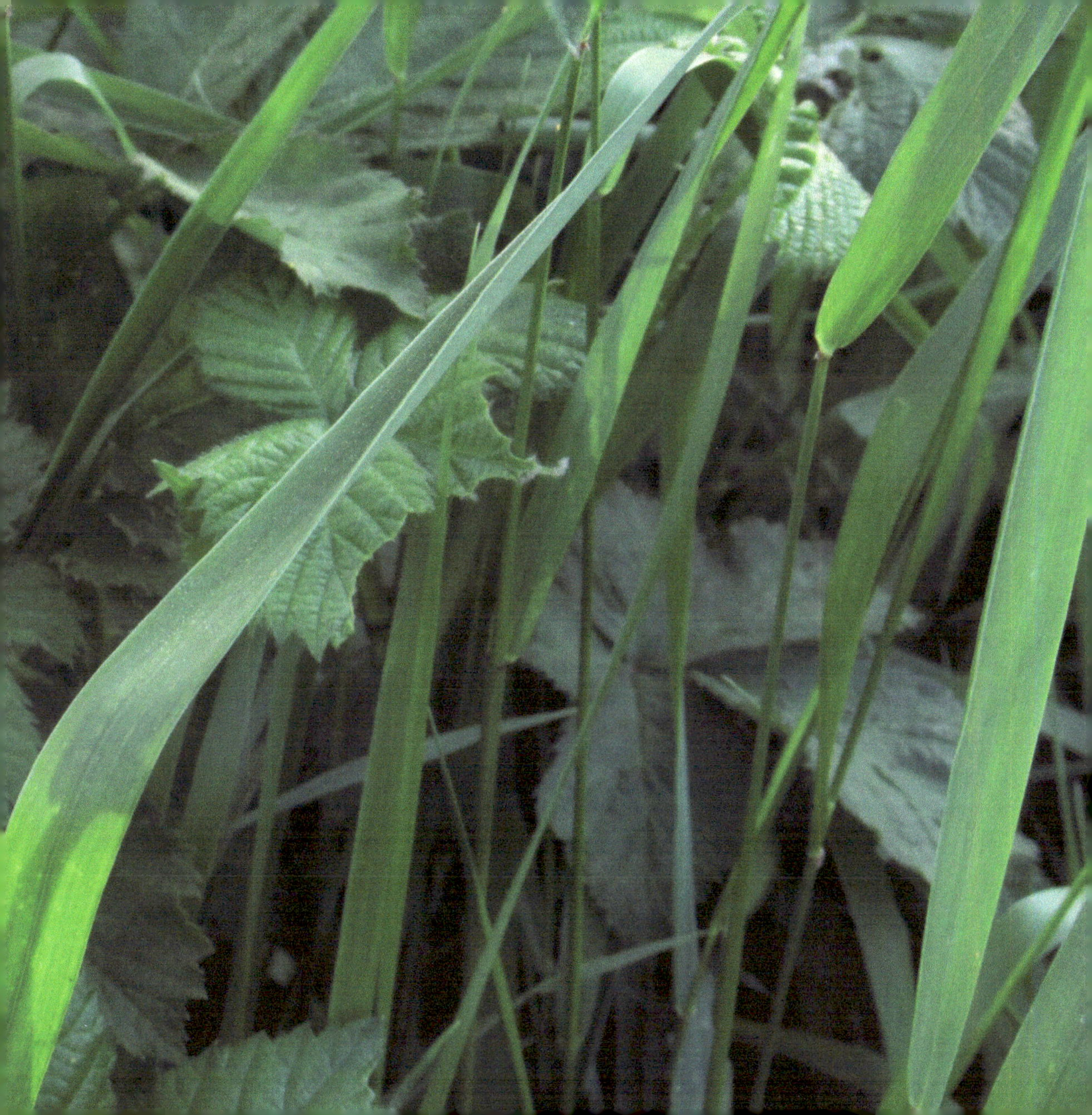

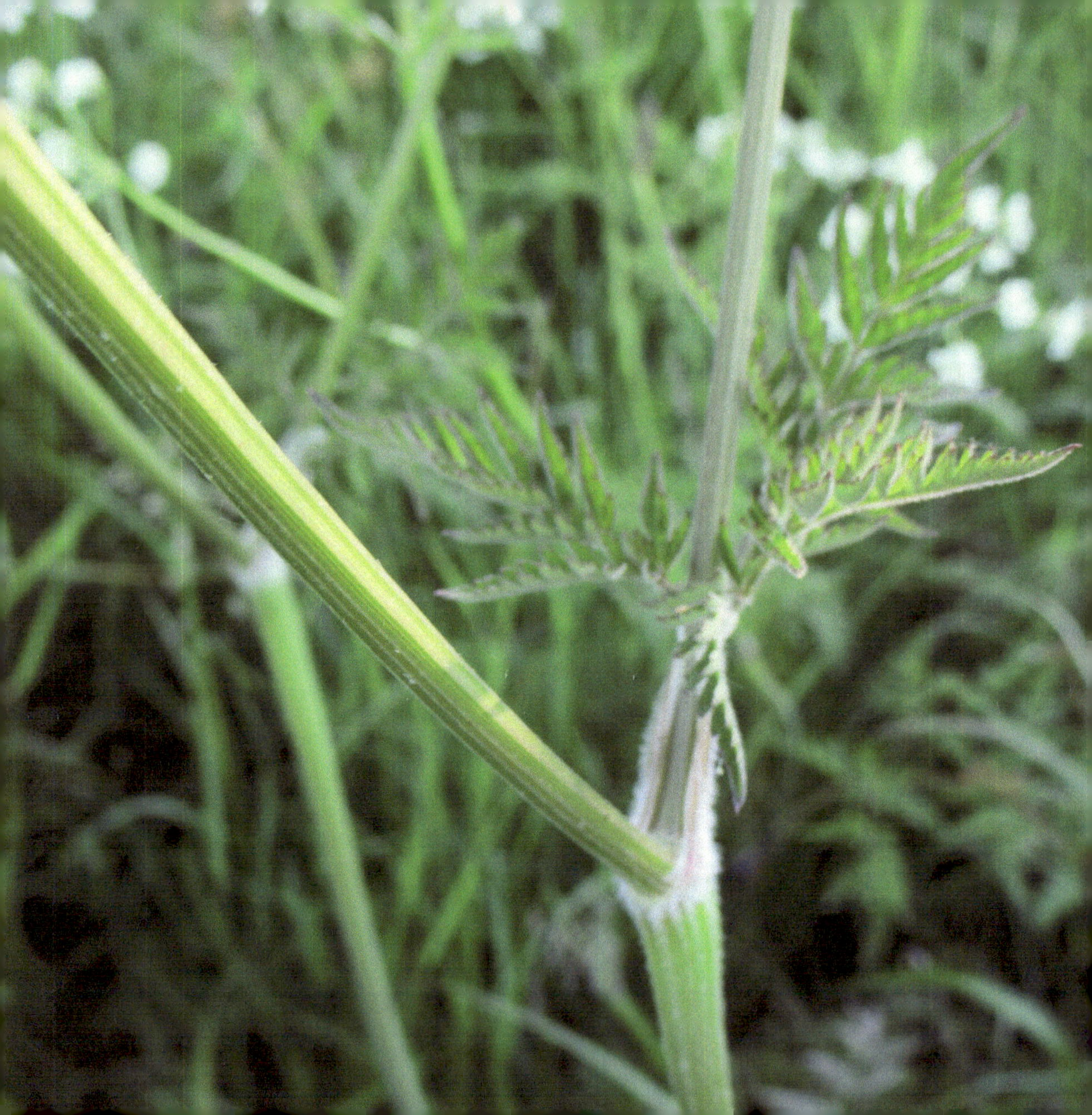

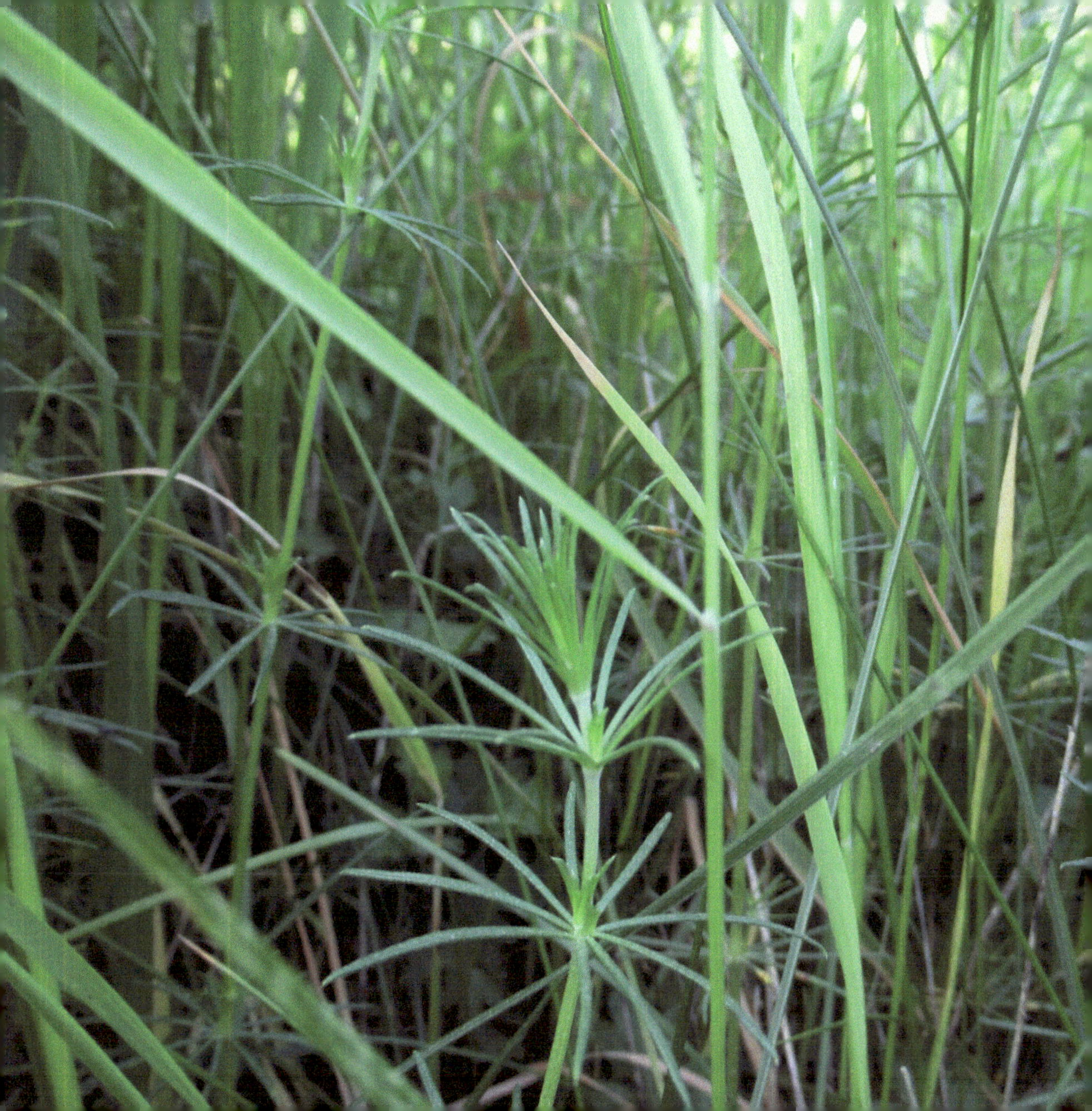

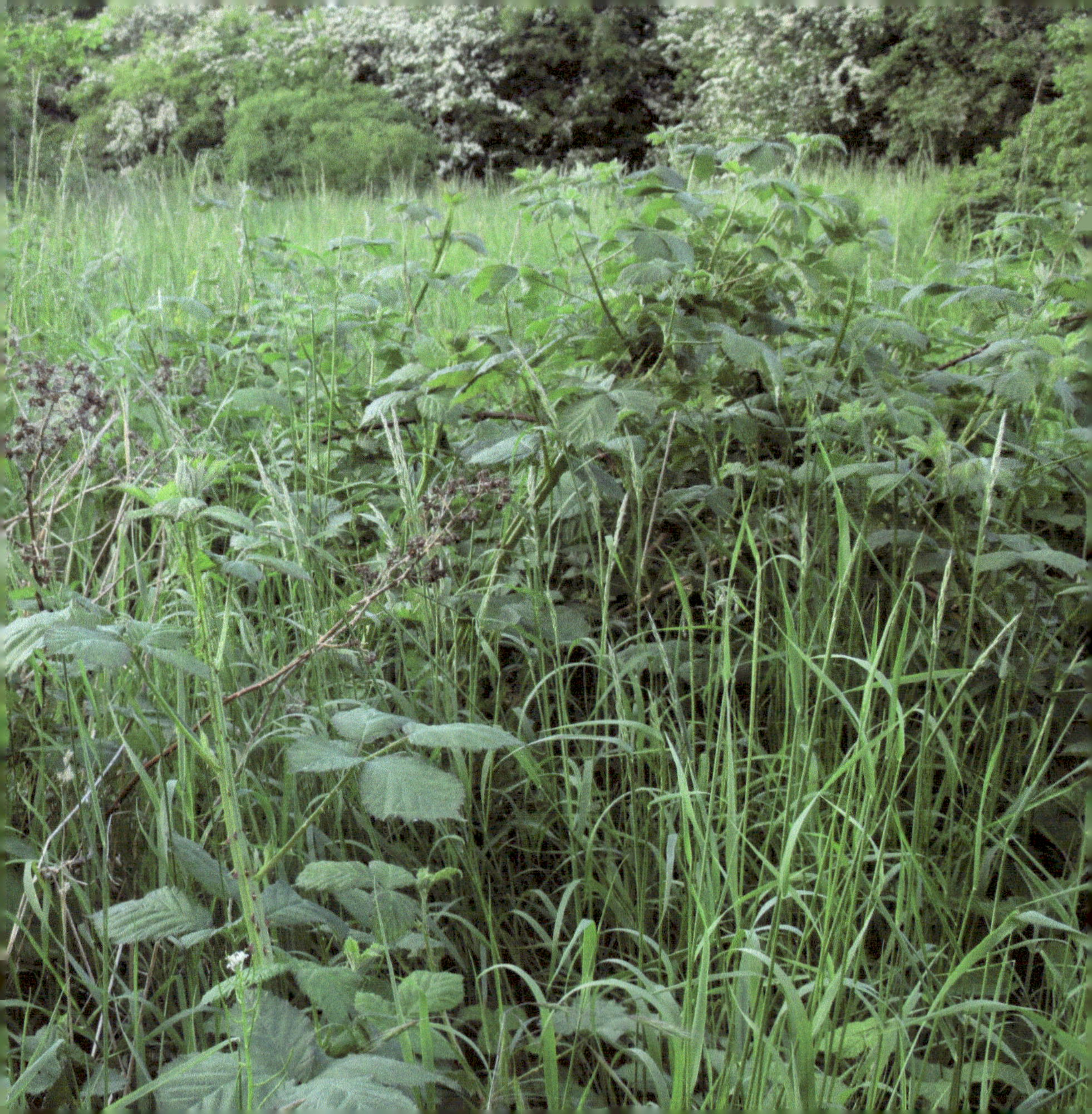

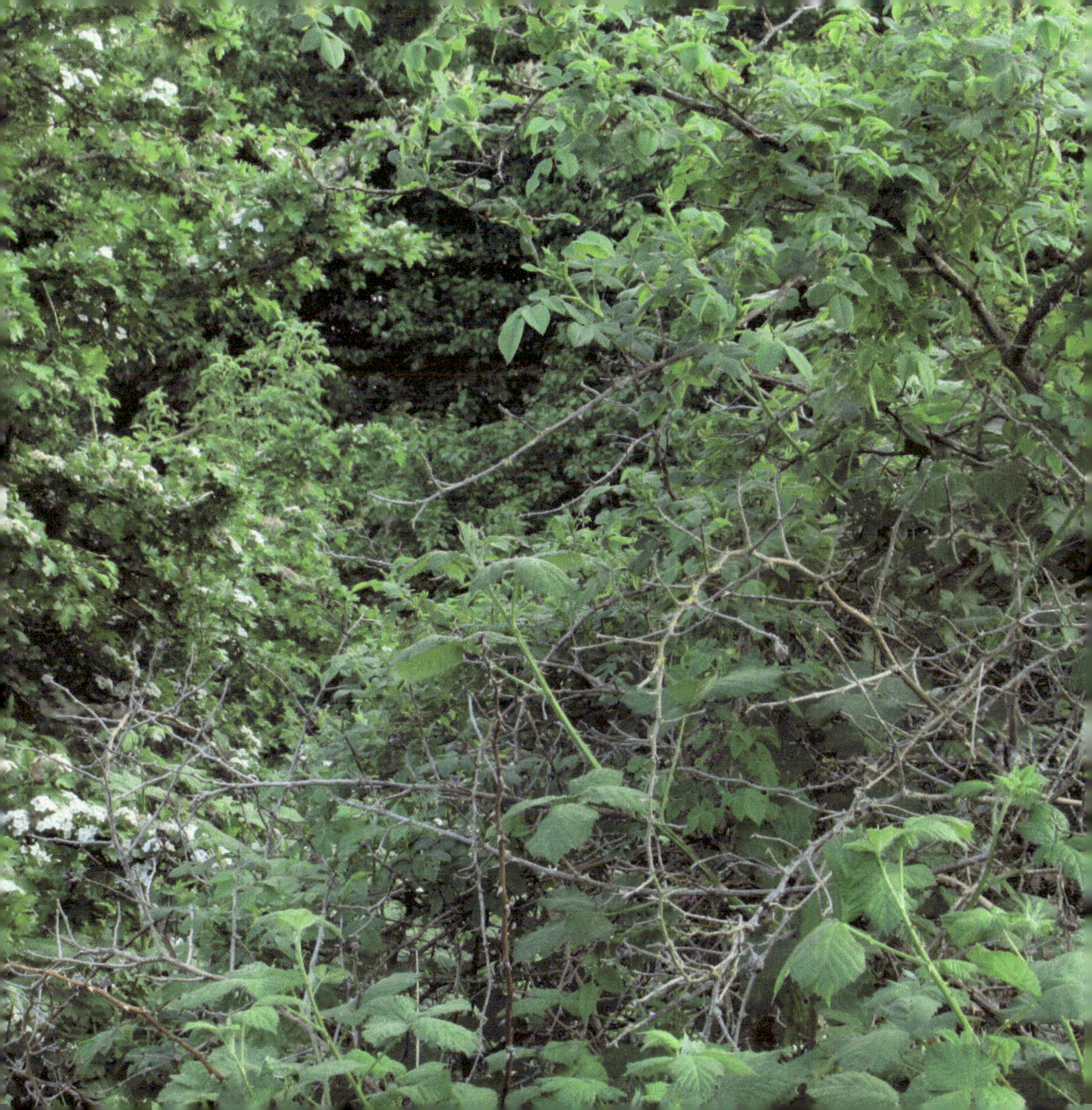

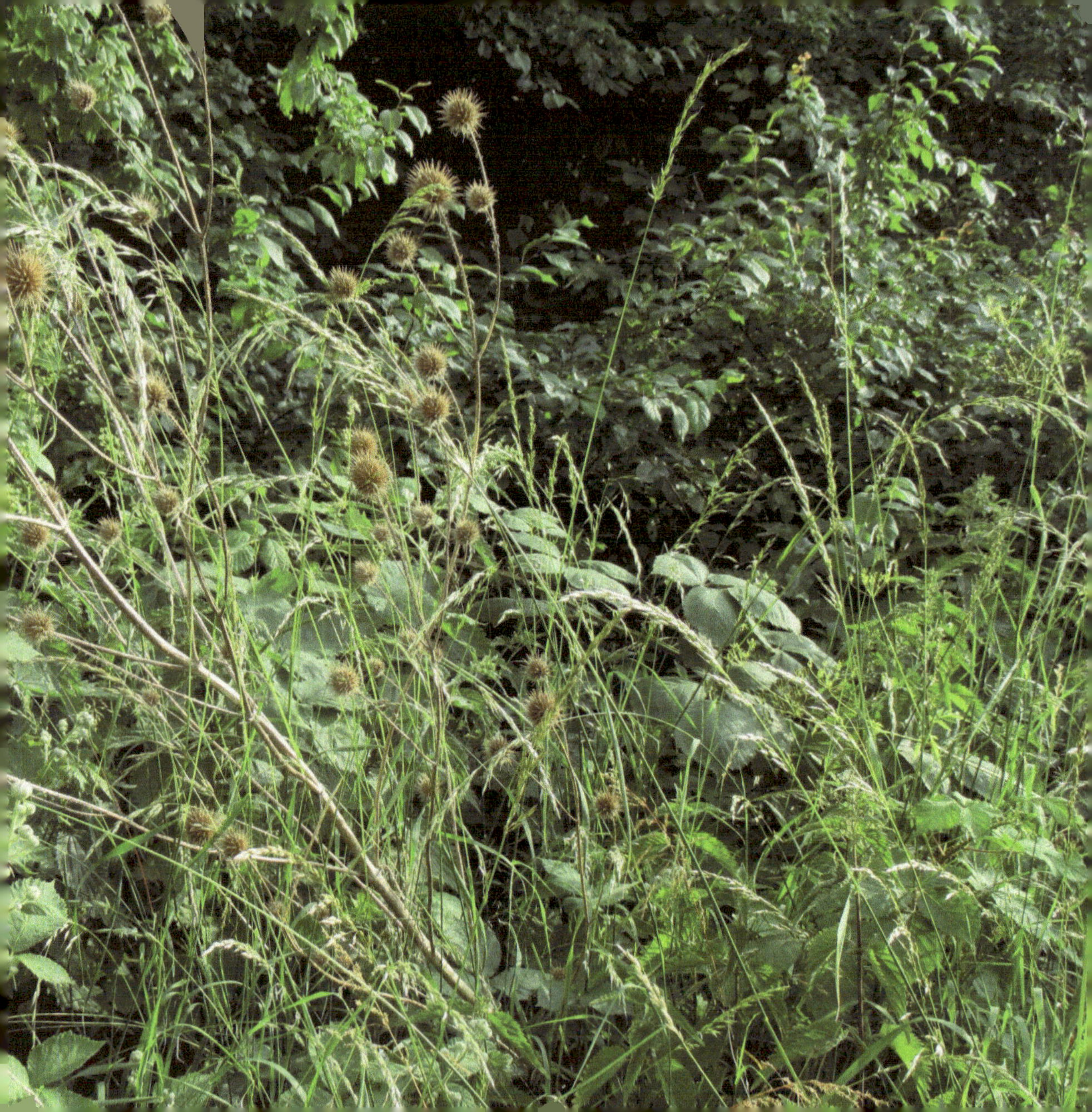

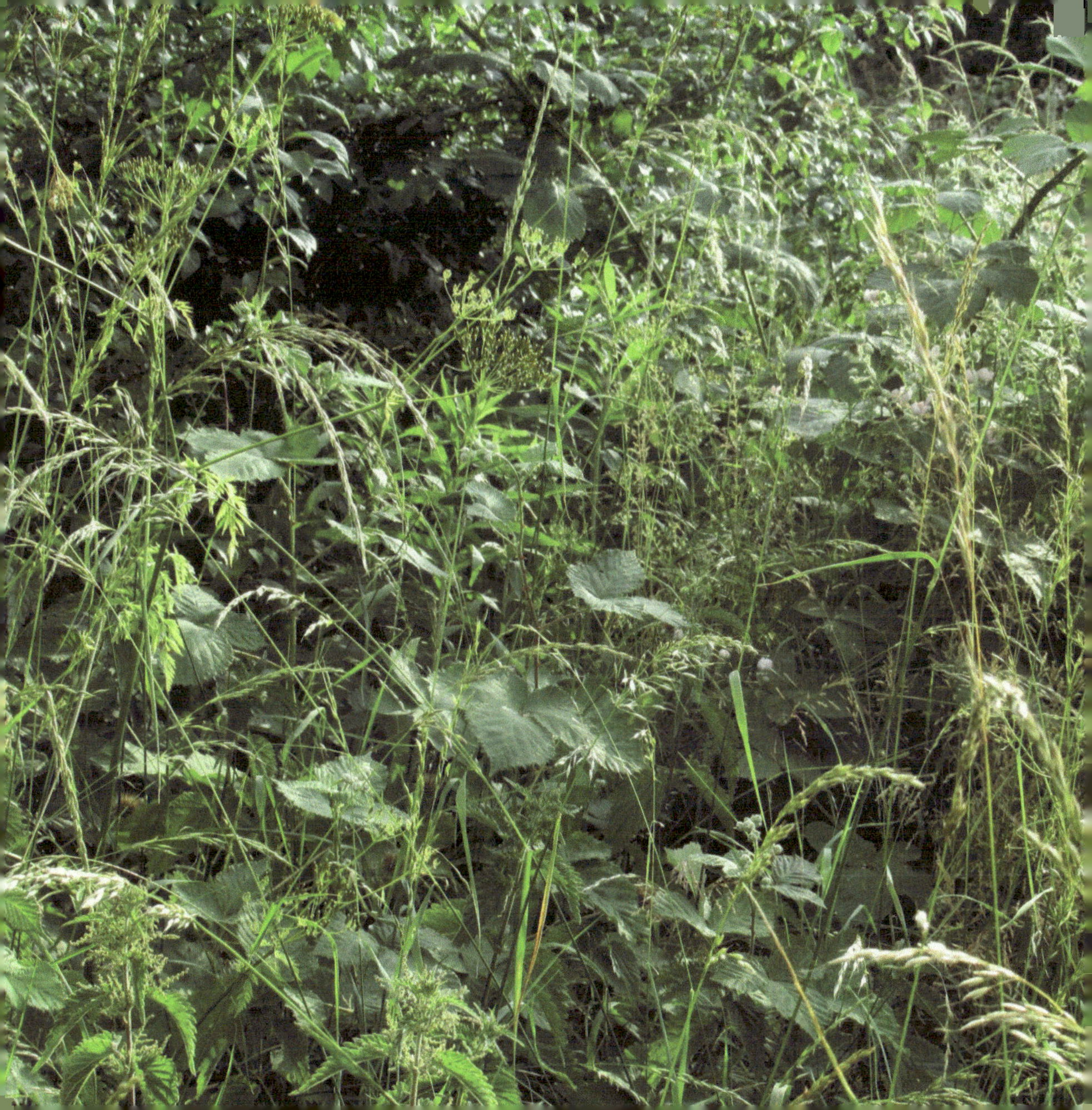

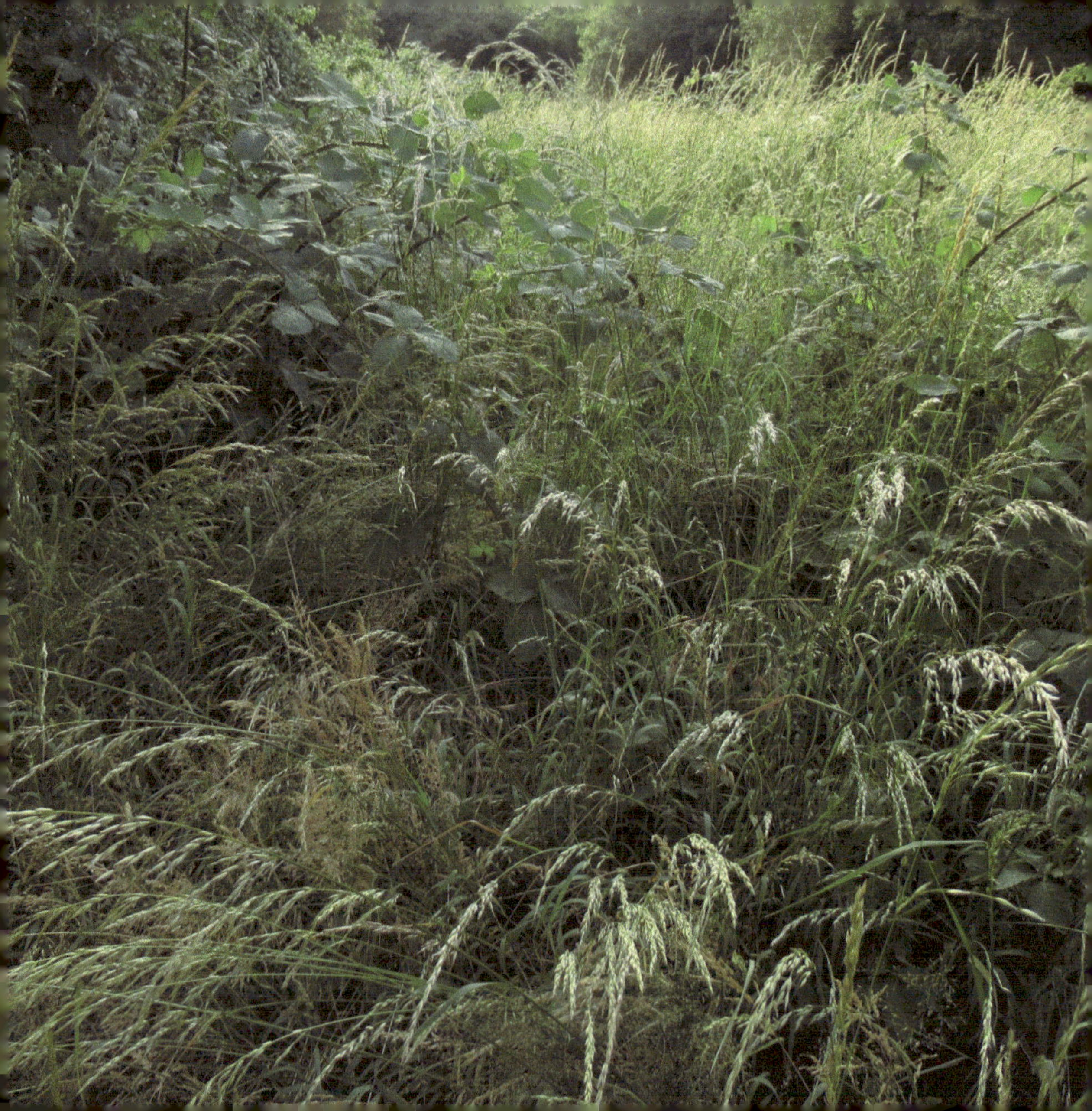

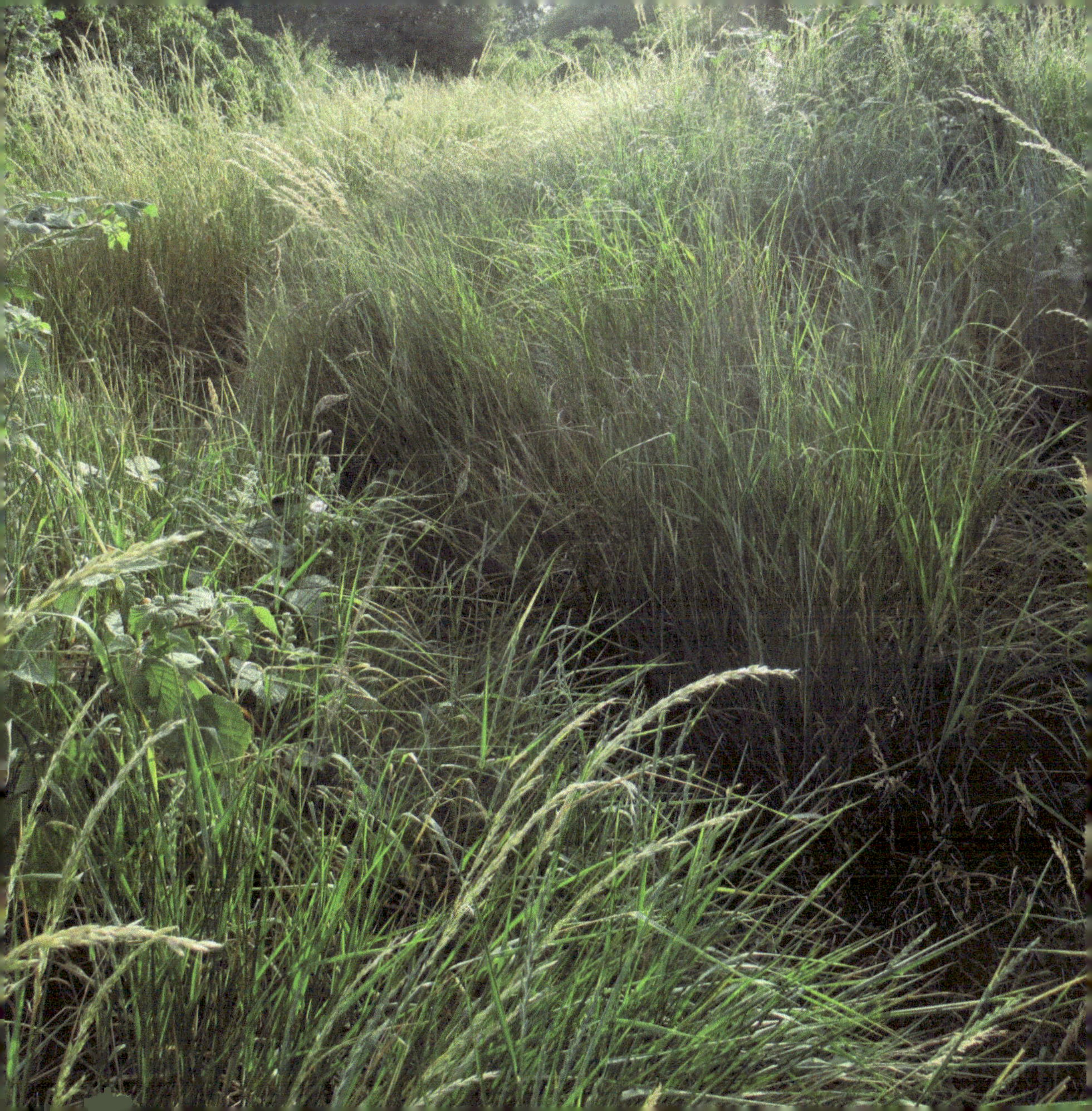

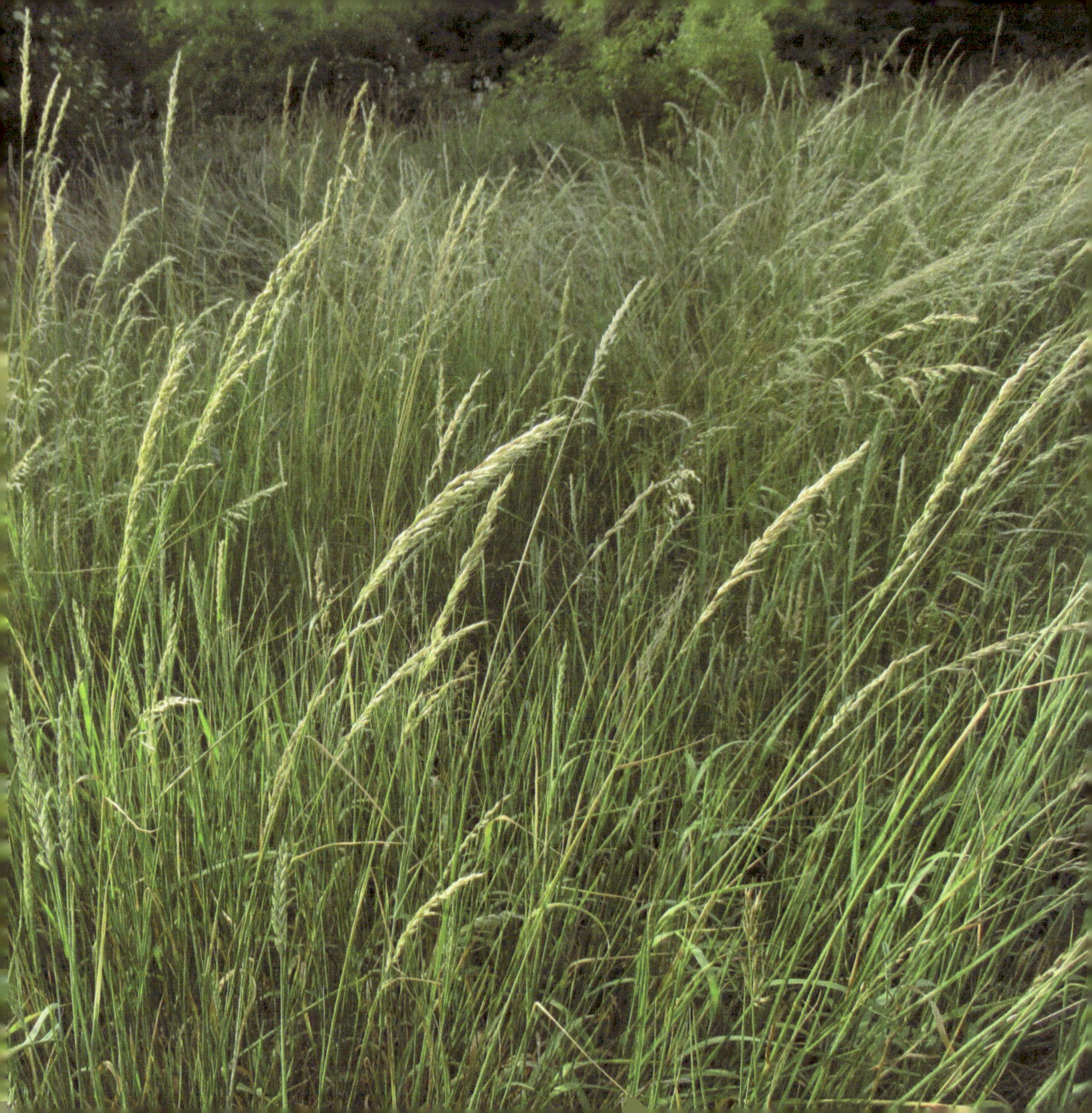

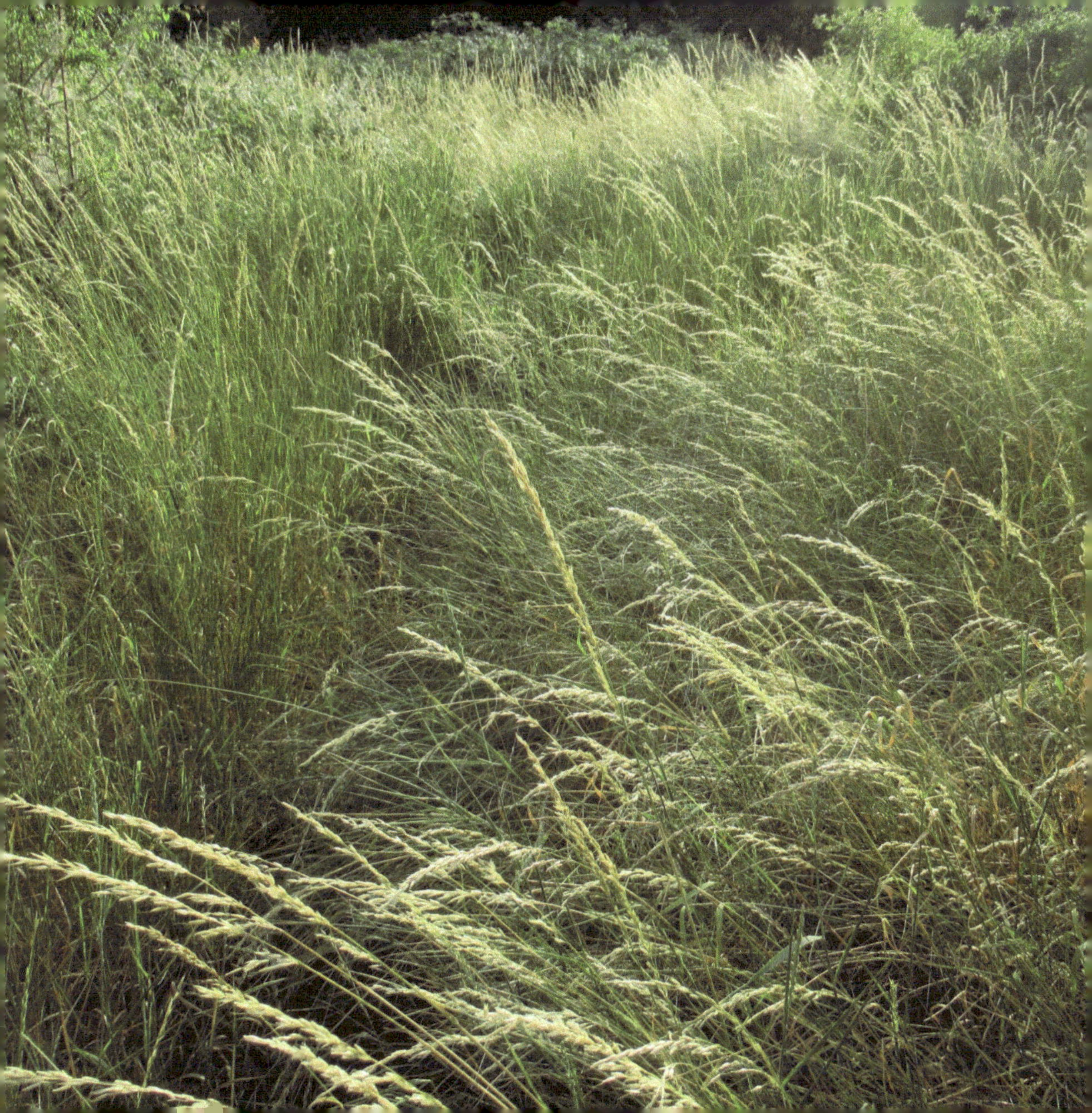

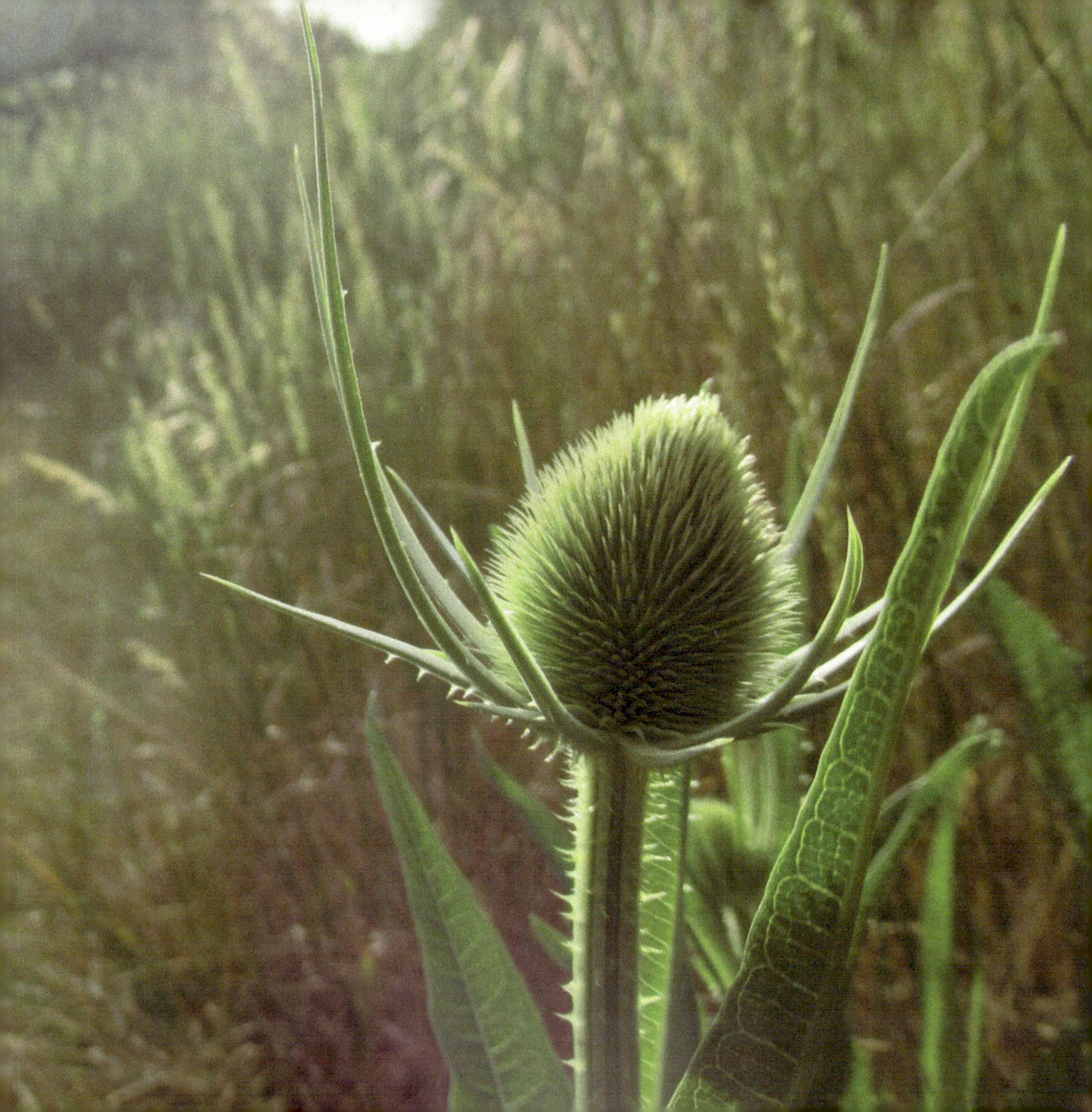

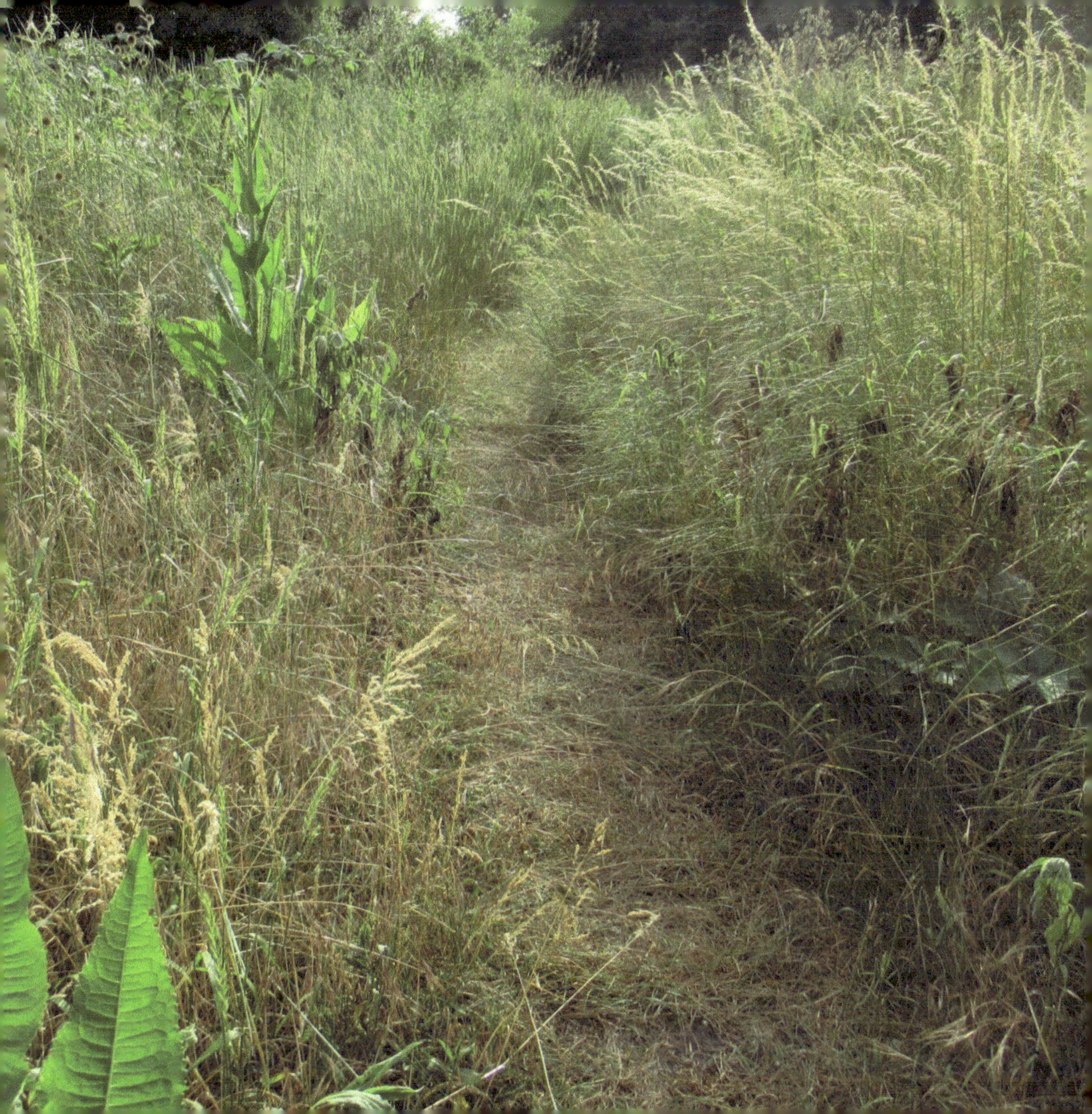

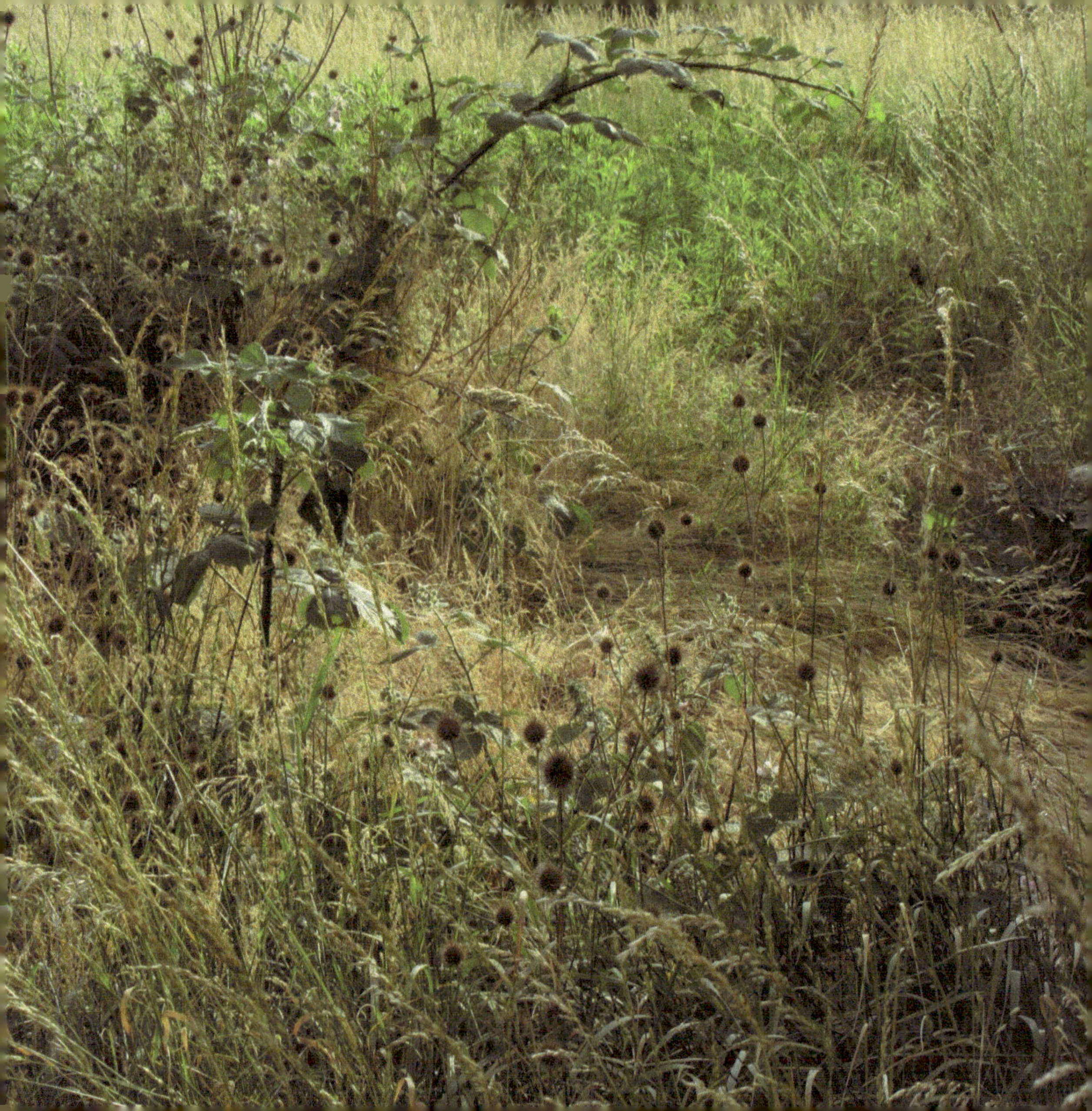

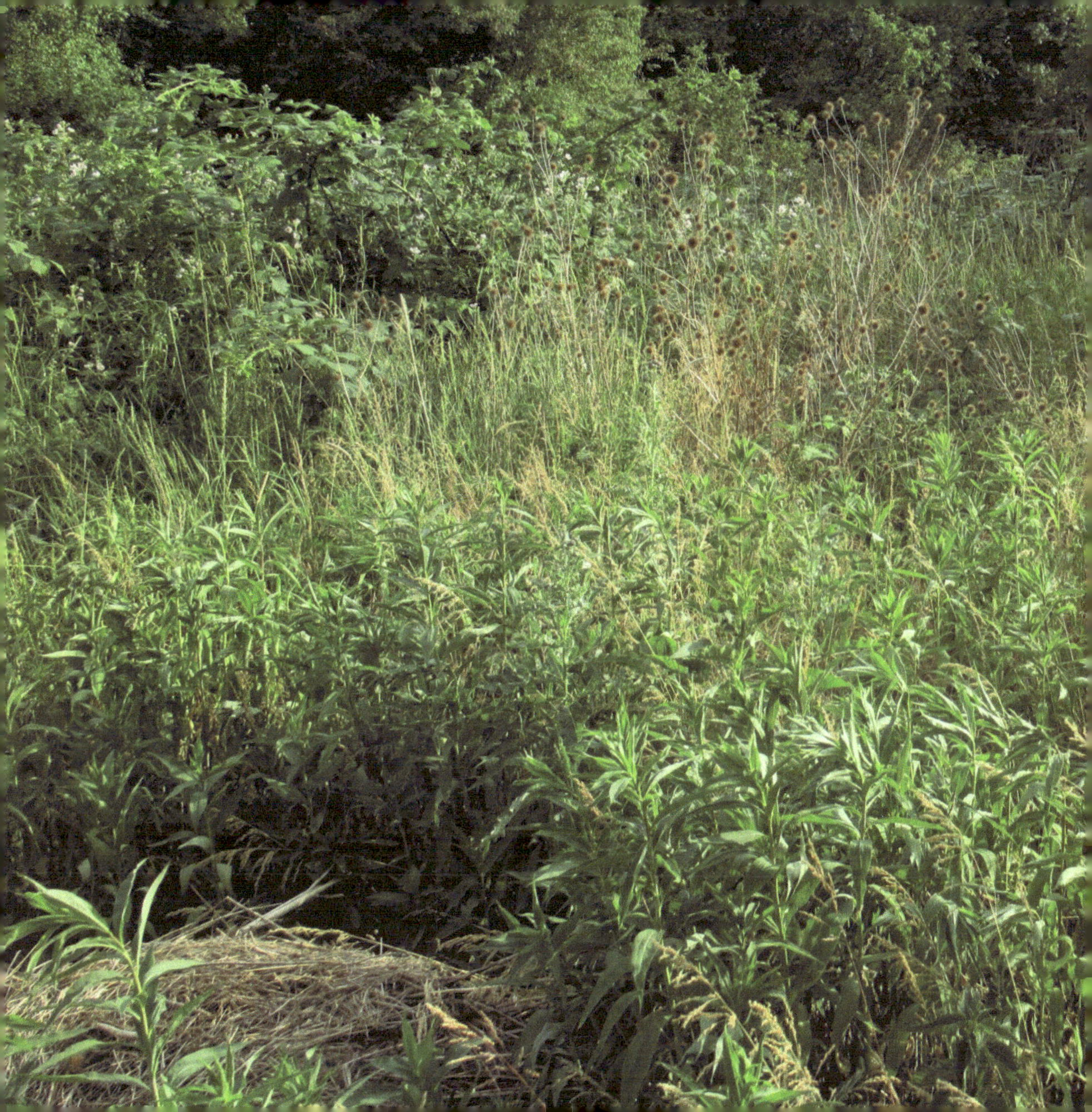

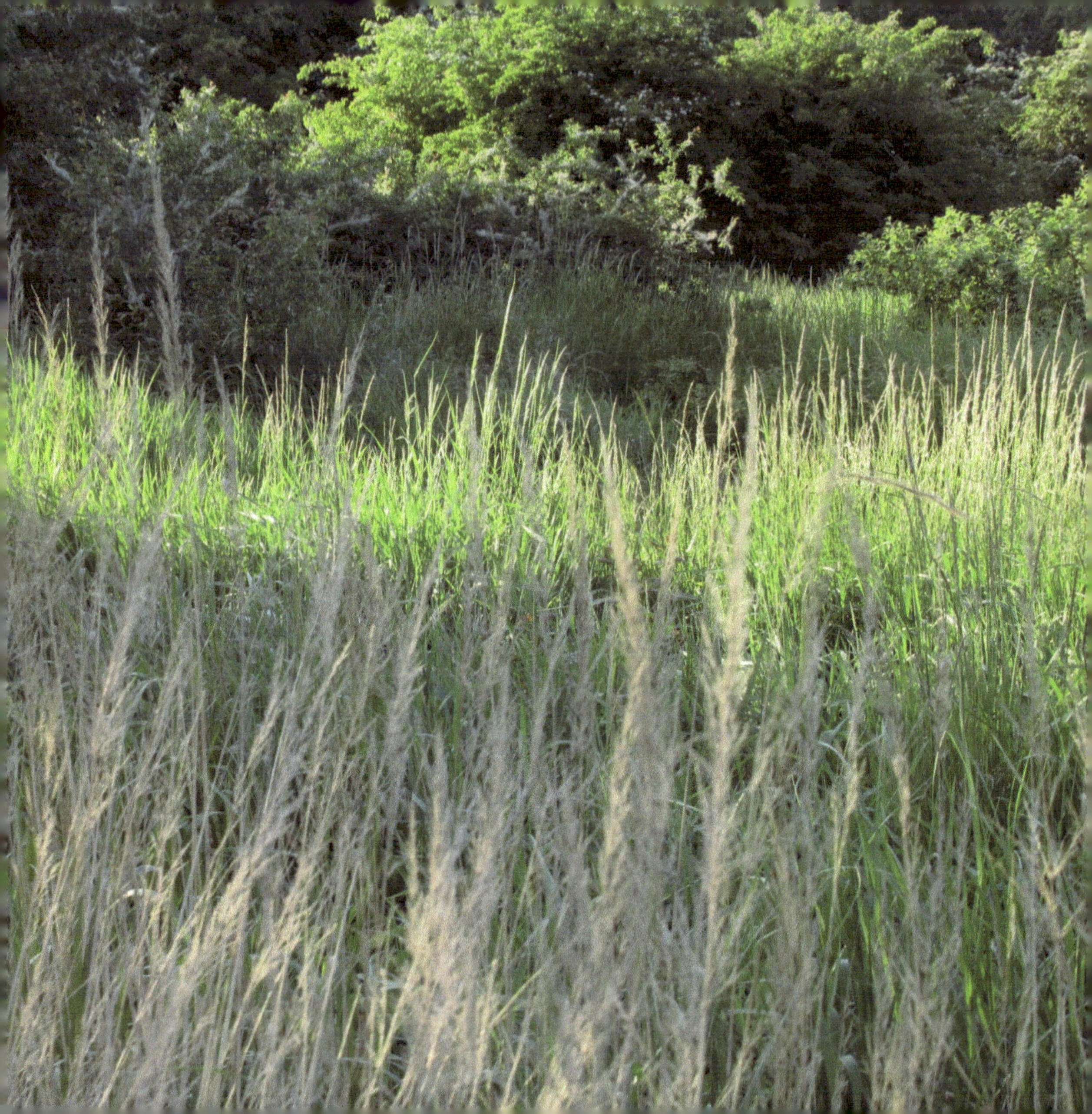

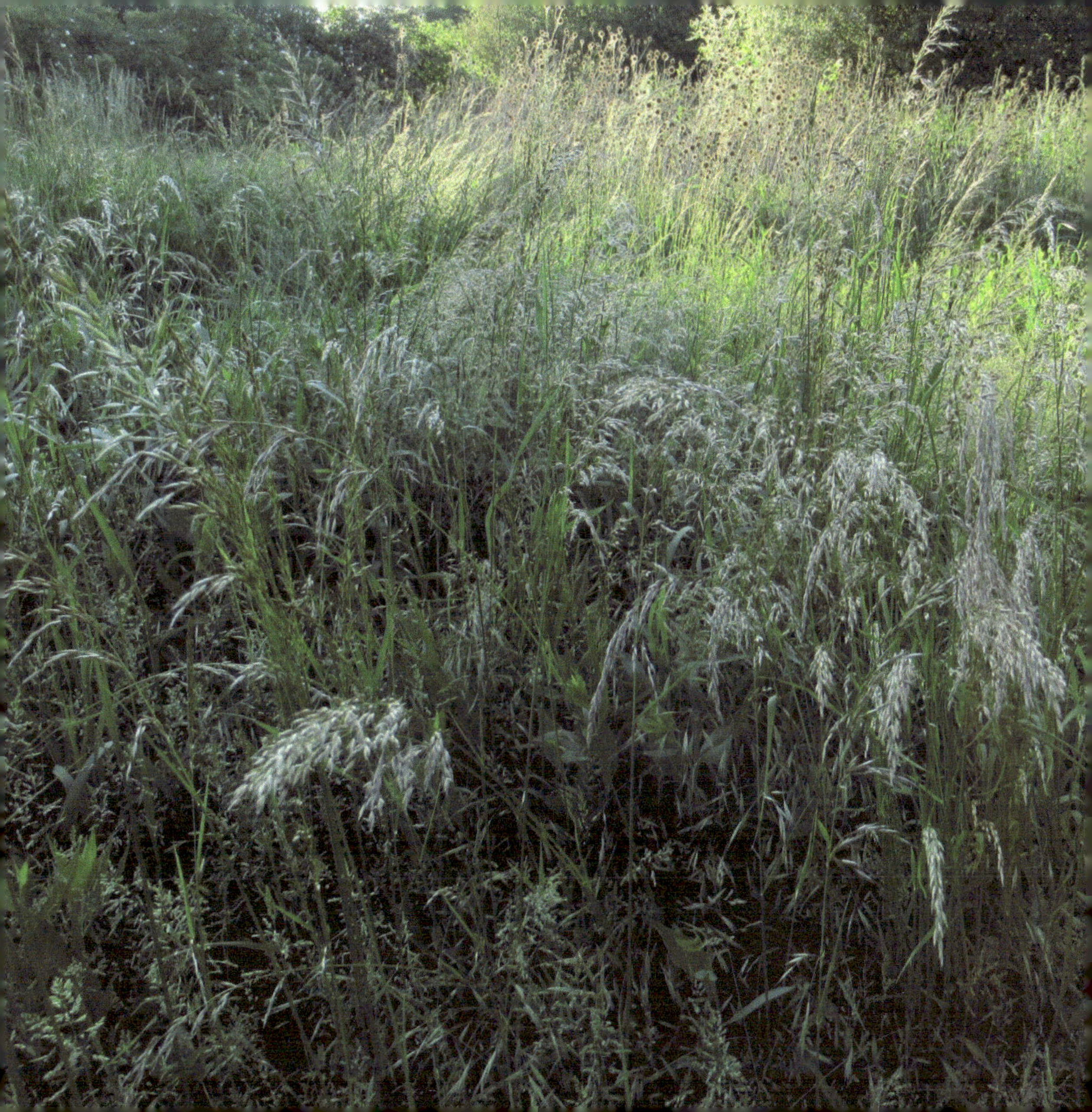

Glimt fra et særligt sted i København. Et sted, der rummer en masse liv.

Et tilholdssted, og ynglested, for en lang række arter, herunder langdistancetrækkende sangfugle, rådyr, flere arter hvepse, biller, cikader, og den fredede padde stor vandsalamander. Et sted, kendetegnet ved høj biodiversitet. Rigt dyre-, fugle- og planteliv.

Et sted, der var fredet, men blev affredet marts 2019.

Et sted der er i fare for at forsvinde. Februar 2021 blev en lokalplan om bebyggelse vedtaget. Der er allerede sat pæle op til hegn omkring området her. Der er højt hegn omkring sletten ved siden af, kaldt Lærkesletten. Dér er jorden nu komprimeret og blottet.

Byggeforberedelse er udsat. Der afventes afgørelse fra to nævn, bl.a. om hvor vidt byggeri vil gøre uoprettelig skade på dyrearten stor vandsalamander.

Området er en del af Amager Fælled, som samlet set er det mest artsrige naturområde i København.

Området kaldes Tornsangerland. Første gang af feltornitolog Troels M. Krogh i 2004, da der årligt yngler mellem 20 og 30 par tornsangere i området her.

Et sted, der rummer ro. Og kaos. Et sted, der kan give fred.
Også i en hovedstad.

Her vises kun en lille del af stedets karakter.

Her vises kun lav bevoksning, græs og krat.

Glimt til nærvær i et vildnis. Krat og græs.